ACCESO GRATIS *a la Lectura en la Nube*

Para visualizar el libro electrónico en la nube de lectura envíe junto a su nombre y apellidos una fotografía del código de barras situado en la contraportada del libro y otra del ticket de compra a la dirección:

ebooktirant@tirant.com

En un máximo de 72 horas laborales le enviaremos el código de acceso con sus instrucciones.

La independencia de los magistrados

La independencia de los magistrados

Fabrice Hourquebie

tirant lo blanch
Bogotá D.C., 2025

En caso de erratas y actualizaciones, la Editorial Tirant lo Blanch publicará la pertinente corrección en la página web www.tirant.com.

Publicado con la autorización de Éditions Dialogues, Collection Mercuriales (Francia)

Hourquebie, Frabrice, autor.

La independencia de los magistrados / Fabrice Hourquebie. -- Primera edición. -- Bogotá : Tirant lo Blanch, 2025.

96 páginas.

Incluye información sobre el autor.

ISBN: 979-13-7021-467-8

1. Jueces. 2. Independencia judicial. 3. Derecho y política. I. Título.

LC: KJV3838

CDD: 347.44014 ed. 23

Catalogación en publicación de la Biblioteca Carlos Gaviria Díaz

EDITA: TIRANT LO BLANCH
Calle 11 # 2-16 (Bogotá D.C.)
Telf.: 4660171
Email: tlb@tirant.com
Librería virtual: www.tirant.com/co/
ISBN: 979-13-7021-467-8

Si tiene alguna queja o sugerencia, envíenos un mail a: *atencioncliente@tirant.com*. En caso de no ser atendida su sugerencia, por favor, lea en *www.tirant.net/index.php/empresa/politicas-de-empresa* nuestro procedimiento de quejas.

Responsabilidad Social Corporativa: http://www.tirant.net/Docs/RSCTirant.pdf

Índice

Introducción 9

La independencia de los magistrados se basa en la independencia de la institución judicial .. 15

La justicia y los magistrados: ¿autoridad o poder?... 16

¿Independencia o interdependencia del poder jurisdiccional? 22

¿Puede el presidente de la República ser realmente el garante de la independencia? 27

La independencia de los magistrados se basa en garantías estatutarias 33

La unidad de la magistratura no es uniformidad... 34

A favor de una independencia consagrada de los magistrados de la fiscalía 40

¿Qué inamovilidad para los jueces? 47

Intentar agradar y arriesgarse a desagradar .. 52

La independencia de los magistrados es una cuestión de conducta personal 57

¿Existe realmente la imparcialidad del magistrado? 58

Prestigio social e independencia 71

En la encrucijada de tentaciones mediáticas, corporativistas, sindicales... 81

Para [no] concluir 93

Biografía 95

Introducción

Existen palabras que encarnan un imaginario. La independencia es una de ellas. Aplicada a la justicia, es una garantía concreta de la realización del Estado de derecho. Aplicada al magistrado, se convierte en un ideal para algunos, una utopía para otros. La independencia es, en todo caso, un tema recurrente en el discurso político sobre la justicia, tanto para justificar una necesaria desvinculación de los magistrados respecto del poder político como para recordar la representación del presidente de la República como la institución que garantiza la independencia del poder judicial, según los términos del artículo 64 de la Constitución francesa. De ahí a considerar que siempre ha existido la tentación de utilizar estratégicamente el discurso sobre la independencia con el fin de desarrollar un poderoso ámbito de legitimación de la acción política, solo hay un paso.

Si la reflexión acerca de la independencia de la institución judicial y sus actores es ahora tan esencial —y sensible— es porque la justicia se ha convertido en pocos años en el nuevo escenario de la democracia, constantemente en el punto de mira de la actualidad debido a los asuntos políticos, financieros o penales, los juicios mediáticos que hacen noticia y marcan la opinión pública, o las fuertes y recurrentes tensiones entre la justicia y la política. En efecto, el desarrollo político de la justicia se ha producido gracias al debilitamiento del Estado y a la carencia de sus controles tradicionales. La consagración de la figura del juez aparece, en cierto modo, como consecuencia de la afirmación de la primacía del derecho sobre la política, al tiempo que encarna la contraparte de la falta de compromiso de esta última. La magistratura, durante mucho tiempo un poder relegado, ocupa hoy un espacio liberado por la retirada de la política. El orden constitucional aborrece los vacíos; la regla es inmutable.

Este énfasis en el juez en detrimento del responsable político y en el fiscal en detrimento del representante electo refleja, sin duda, una nueva representación política del Estado que sustituye la figura de la administración por la del árbitro. Ahora bien, no puede haber Estado de derecho sin la garantía constitucional de la independencia estructural del poder judicial, árbitro tercero, tal y como se deriva del artículo 16 de la Declaración de los Derechos del Hombre y del Ciudadano, ni sin la garantía de la independencia personal de los magistrados. La independencia sería, por tanto, un requisito previo necesario para la protección judicial de los derechos y de las libertades. ¡El reto es colosal!

Sin embargo, siempre es fácil esgrimir a modo de eslogan esta fórmula casi mágica según la cual, en un Estado de derecho, los magistrados —cuerpo que incluye a los jueces y a los miembros de la fiscalía (el ministerio público) en virtud del principio de unidad de la autoridad judicial— deben ser independientes. Si el *Dictionnaire de la justice* [Diccionario de la justicia] dice que "la independencia se manifiesta en la libertad del juez para dictar una sentencia no ligada a una jerarquía o a normas preexistentes", para un magistrado ser independiente en una sociedad holística, atravesada por múltiples influencias que enfrentan afectos, opiniones, sensibilidades y lealtades, parece abarcar una realidad mucho más compleja y matizada.

¿Es la independencia un principio? Los textos, hasta los más elevados en la jerarquía de las normas —la Constitución de la V República del 4 de octubre de 1958, la Ordenanza del 22 de septiembre de 1958 por la que se aprueba la Ley Orgánica relativa al Estatuto de la Magistratura— la consagran y le confieren fuerza jurídica. ¿Un estándar? Habría un horizonte hacia el cual debe orientarse la institución judicial, el de la independencia, y que el magistrado debe apropiarse bajo la forma de la neutralidad. ¿Un valor? La independencia sería una exigencia moral que remite a un sistema de valores, una ética del magistrado en su comportamiento, en definitiva, para alejar las pasiones, los deseos, las vanidades y los prejuicios. ¿Una garantía? La independencia protege, pero queda por saber qué o a quién protege y de quién o de qué protege. ¿Un derecho? El juez es independiente, es un derecho subjetivo, porque es libre; el magistrado del ministerio público también lo es, pero en condiciones diferentes debido al vínculo jerárquico que estructura la fiscalía. ¿Un deber? La independencia guiaría el comportamiento del magistrado, quien debe mantener una conducta independiente y, por lo tanto, imparcial en el ejercicio de su cargo. ¿Una representación? La percepción de independencia sería tan determinante como la independencia demostrada, o cuando la apariencia prevalece sobre la realidad... ¿Una disciplina? Un magistrado que incumpla su obligación de ser independiente, entendida como norma deontológica, es decir, una norma de conducta centrada en el deber profesional, se expondría a una sanción. ¿Una responsabilidad? Sería individual y tal vez, ante todo, moral; la independencia sería entonces la materialización de esa ética de la responsabilidad que debe guiar al magistrado en su trabajo cotidiano.

Más que ser una u otra de estas acepciones, la independencia del magistrado es quizá todo ello a la vez. Si hay algo de lo que podemos estar seguros, es que el análisis de la independencia del magistrado merece ir más allá de una lectura excesivamente restrictiva de la cuestión que la limitaría únicamente a su dimensión externa, es decir, a su relación con el poder político, porque en realidad existen muchas otras influencias más indirectas y a veces más insidiosas. Son tentaciones que pueden obstaculizar el fallo o alterar la decisión, y esto obliga al magistrado a desarrollar una verdadera cultura de independencia y una conciencia de imparcialidad. El Consejo Superior de la Magistratura señalaba a este respecto que, si bien la independencia de los magistrados debe garantizarse, por supuesto, mediante un estatuto, "decir el derecho" de manera independiente también requiere, y quizá sobre todo, "un *estado de mente*, un *saber-estar* y un *saber-hacer*"[1].

Por ello, es sin duda necesario tener esta visión global de los diferentes eslabones de la cadena de independencia de los magistrados para descifrar, en un sentido más amplio, las críticas recurrentes, las acusaciones de ilegitimidad y la desconfianza más o menos crónica hacia la justicia, que ciertamente no merece que se la considere con tanta severidad sin entender las resistencias que la atraviesan.

Cuestionarse acerca de la independencia de los magistrados consiste, primero, en medir el peso de las responsabilidades que recaen sobre ellos desde su salida de la Escuela Nacional de la Magistratura y hasta el final de su carrera. También se trata de identificar mejor las intromisiones, las injerencias, las interferencias y las lealtades que allanan el camino de la carrera del magistrado. Se trata, además, de arrojar luz sobre los puestos, tan difícilmente conseguidos, de la magistratura en la democracia francesa y de la autoridad judicial entre las instituciones de la República.

Tres propuestas que sitúan al magistrado en la complejidad —y ambigüedad— de su "ecosistema

---

1 Consejo Superior de la Magistratura, *Recueil des obligations déontologiques des magistrats* [Compendio de las obligaciones deontológicas de los magistrados], capítulo 1 "La independencia", punto 2, p. 8.

jurisdiccional" permiten poner en perspectiva y debatir su independencia:

1. La independencia de los magistrados se basa en la independencia de la institución judicial.
2. La independencia de los magistrados se basa en garantías estatutarias.
3. La independencia de los magistrados es una cuestión de conducta personal.

A este respecto, se impone una mirada hacia algunas turbulencias democráticas y vigilancias judiciales.

La independencia de los magistrados se basa en la independencia de la institución judicial

> **"La independencia del poder judicial es un principio fundamental de valor constitucional [...]. Para la sociedad, es la condición de la confianza en la justicia [...]. Para el magistrado, es la condición de su legitimidad."** (Consejo Superio de la Magistratura, *Recueil des obligations déontologiques des magistrats* [Compendio de las obligaciones deontológicas de los magistrados])[2].

Afirmar que el magistrado es independiente puede rápidamente convertirse en una petición de principio si la institución en la que ejerce no es independiente por sí misma. En ese sentido, la independencia del magistrado está estrechamente ligada a la independencia del poder judicial, que a su vez se articula con la separación de poderes, cuya función es definir el ámbito de actuación de cada poder en el Estado.

Así, para la doctrina publicista clásica francesa (Barthélémy y Duez, Carré de Malberg,

---

2 Consejo Superior de la Magistratura, *Recueil des obligations déontologiques des magistrats* [Compendio de las obligaciones deontológicas de los magistrados], *op. cit.*; especialmente el capítulo 1.

Esmein...), la reivindicación de la independencia está estrechamente ligada al estatuto adecuado de la justicia y al proceso de transición de la autoridad hacia el poder. Ante un estatuto confiscado, la independencia de la institución y, por ende, la de los magistrados que la integran, se encuentra constantemente en tela de juicio, dado que está sujeta a dudas y sospechas legítimas.

La independencia estructural de la institución judicial se presenta, fundamentalmente, como protectora de los magistrados, en la medida en que evita cualquier tipo de interferencias e intromisiones de cualquier índole o procedencia.

LA JUSTICIA Y LOS MAGISTRADOS: ¿AUTORIDAD O PODER?

La justicia —que Jean Foyer, jurista y ministro de Justicia en Francia, calificaba de *pouvoir refusé* [poder rechazado]— siempre ha estado situada en Francia en una situación de relegación e incluso de marginación. La imposibilidad de pensar la justicia como un poder equivalente a los demás en el juego constitucional de los poderes tiene sus raíces, en particular, en los excesos de los Parlamentos del Antiguo Régimen. La negativa cada vez más frecuente a registrar las ordenanzas reales de estos tribunales que impartían justicia en nombre del rey permitió construir su omnipotencia, ilustrando lo que Guy Canivet, que fue primer presidente del Tribunal de Casación francés, había calificado como *farouche autonomie* [feroz autonomía] de los jueces. Los conflictos derivados de estos enfrentamientos alimentaron la desconfianza de los revolucionarios hacia todo tipo de representación de un poder judicial, profundizando la división de un cuerpo de magistrados aparentemente independiente del ejecutivo o del legislativo según los periodos históricos, pero cuyas competencias estaban en realidad perfectamente limitadas y delimitadas, con el fin de proteger el "cuerpo permanente investido del poder más terrible", en palabras de Robespierre relatadas por Robert Badinter[3]. De un poder teórico concebido como "de vigilancia", la justicia adquiere los rasgos casi inmutables de un poder "bajo vigilancia"[4]. Sin embargo, es en este escenario donde Montesquieu desarrolla una concepción visionaria del poder de juzgar, que se separa por primera vez del poder federativo de Locke o de la función ejecutiva. Pero la interpretación reduccionista de las conocidas fórmulas de *De l'Esprit des lois* [El Espíritu de las leyes], según las cuales, en particular, el poder de juzgar, "tan terrible entre los hombres", se vuelve indivisible y nulo —"De las tres potestades (...) la de juzgar es, en cierto modo, 'nula'[5], de ahí el autor

---

3 R. Badinter, "Une si longue défiance", *Pouvoirs*, n° 74, 1995, p. 8.

4 F. Hourquebie, *Sur l'émergence du contre-pouvoir juridictionnel sous la Ve République*, Bruylant, 2004, p. 6.

5 Montesquieu, *De l'Esprit des lois*, Libro XI, capítulo VI "De la Constitution d'Angleterre", Folio Essais, Gallimard,

deduce que los jueces de la Nación son simplemente la boca que pronuncia las palabras de la ley, siendo los jueces "seres inanimados que no pueden moderar ni la fuerza ni el rigor" — basta para eliminar cualquier exigencia de independencia y someter continuamente a los magistrados, unas veces al control del poder ejecutivo y otras al control del poder legislativo.

Estos argumentos siguen configurando hoy en día "la concepción francesa de la separación de poderes", fórmula empleada inicialmente por el Consejo Constitucional en su decisión n.º 86-224 DC, del 23 de enero de 1987, *Conseil de la concurrence* (§ 15), elaborada a la luz de la Ley del 16-24 de agosto de 1790 y completada por el Decreto del 16 de fructidor del año III (2 de septiembre de 1795), la cual ha sido invocada con regularidad desde entonces por el juez constitucional. Así, el poder judicial se encuentra aún más restringido; ya subordinado al poder legislativo, se separará posteriormente del poder administrativo. Como consecuencia lógica de la limitación de la función judicial por parte de los revolucionarios, la ley de 1790 reflejó la parcelación jurisdiccional con el surgimiento de la dualidad de jurisdicciones y el debilitamiento de la justicia judicial mediante la reducción de las materias que debía tratar. La proclamación del principio de separación de las autoridades administrativa y judicial, así como la

---

1995, tomo I.

prohibición a los tribunales judiciales de conocer de los actos de la administración, llevaron al juez a estar doble y duramente impedido. Esto tiene dos consecuencias: por un lado, la imposibilidad para el "juez judicial" de conocer litigios en los que la administración sea parte.

Este contexto de desconfianza, incluso de recelo, hacia una justicia poderosa y, por lo tanto, verdaderamente independiente, justificó la constante discrepancia entre las constituciones francesas, que consagraban formalmente un poder judicial, y su relegación en la práctica. El principio de independencia funcionó como una coartada para intentar ocultar la situación de subordinación de los magistrados. La sumisión real de la justicia al poder ejecutivo bosquejó lo que se convertiría en una tradición de dependencia de la autoridad judicial, una semántica del orden y de la "autoridad" que sustituye progresivamente el engañoso concepto de "poder"[6]. Así, en la lógica histórica de reducción de la función judicial, la Constitución del 4 de octubre de 1958 contempla la existencia de una autoridad judicial cuya independencia está, no obstante, constitucionalizada en el artículo 64, de conformidad con el cuarto principio de la Ley Constitucional del 3 de junio de 1958 ("la autoridad judicial debe permanecer independiente para poder garantizar el respeto de las libertades

---

[6] L. Cadiet, S. Guinchard, "La justice à l'épreuve des pouvoirs, les pouvoirs à l'épreuve de la justice", *Justices*, n° 3, 1996, p. 2.

esenciales [...]"). Pero no nos equivoquemos: el objetivo inmediato no consistía en situar la independencia en un marco constitucional renovado, sino en restablecer la continuidad del Estado republicano. De ahí surge una concepción de la autoridad judicial fusionada con el poder ejecutivo, cuyas modalidades de garantía de la independencia (por el presidente de la República asistido por el Consejo Superior de la Magistratura) cuestionan los trabajos preparatorios de la Constitución de 1958[7]. Estos muestran claramente las vacilaciones para consagrar (o no) la exigencia de "independencia de los magistrados" o de "independencia de la magistratura" vinculada (o no) a "la justicia", "las jurisdicciones del orden judicial", "la magistratura del orden judicial" o, en última instancia, "la autoridad judicial", cuya mención en el título VIII supone un retroceso, ya que el principio de independencia no figura en el titulado. En 1993, el "Comité Vedel" propuso sustituirlo por un titulado más neutro, "De la independencia de la magistratura", recordando que el presidente de la República había deseado que la independencia de los magistrados se afirmara más claramente. Fracaso. El Comité Balladur, en 2008, abordó la cuestión de la independencia mediante la instauración de un fiscal general de la Nación (camino abandonado) y la renovación del Consejo Superior de la Magistratura

---

7 . Maus (documentos compilados por), *Documents pour servir à l'histoire de l'élaboration de la Constitution du 4 octobre 1958*, La Documentation française, 2001.

(camino seguido en parte), pero sin que se reescribiera el título VIII. Con el informe del grupo de trabajo sobre el futuro de las instituciones, dirigido por Claude Bartolone y Michel Winock, y aprobado por la Asamblea Nacional el 2 de octubre de 2015 (*Refaire la démocratie – Rehacer la democracia*), se inició una reflexión más profunda sobre el estatuto y la independencia de la justicia en las instituciones del Estado. Michel Winock recuerda que "el poder judicial, cuya expresión dejó de ser constitucional en 1848, [parece] muy poco autónomo con respecto al poder político. Cabe preguntarse si la teoría de la separación de poderes no ha sido más que un engaño. El procedimiento de nombramiento, las frecuentes presiones ejercidas por parte del poder ejecutivo, así como los escándalos que puntúan la historia de la justicia deberían llevarnos a reflexionar sobre la institución de un verdadero poder judicial y sobre los medios para garantizar su autonomía"[8]. La acusación es grave, pero subraya la imperiosa necesidad de una profunda actualización del estatuto constitucional de la justicia en pro de la independencia de los magistrados. La decimoquinta propuesta del informe mencionado planteaba, de manera inédita, reforzar la independencia de la "jurisdicción judicial" consagrando, en el título VIII, la existencia no de una autoridad judicial, sino de un poder judicial, garantizando la independencia de la fiscalía y con-

---

8 "Refaire la démocratie", Informe n° 3100, página Internet de la Asemblea Nacional (assemblee-nationale.fr), p. 117.

virtiendo al Consejo Superior de la Magistratura en garante de dicha independencia, de modo que los principios de imparcialidad e independencia se afirmaran al más alto nivel de la jerarquía normativa. Las circunstancias no permitieron iniciar el proceso de reforma constitucional, pero podemos suponer cuál habría sido el destino de tal propuesta (rechazo). Sin embargo, esta habría permitido alinear el estatuto de la justicia con la realidad de su misión y su posición actual en el espacio público. Porque lo que la Constitución no le dio al juez, el juez se lo tomó. El desarrollo, de facto, del poder judicial se produjo efectivamente en un contexto favorable tanto jurídico como social y político, o por lo menos propicio, como resultado de la pérdida de confianza en el poder político y la sustitución de una "legitimidad de orden procesal o de expertos por la legitimidad democrática"[9].

¿INDEPENDENCIA O INTERDEPENDENCIA DEL PODER JURISDICCIONAL?

Sin "poder tercero"[10], por lo menos en los textos, ¿se consigue aun así que "el poder detenga al poder" y que la independencia de los magistrados se

9 B. Mathieu, *La justice en questions*, éd. Dialogues , coll. Mercuriales, 2024, p. 20.

10 D. Salas, *Le tiers pouvoir : vers une autre justice*, Hachette, 1998.

realice a la sombra de la independencia estructural de la institución judicial? El Consejo Constitucional ofreció un comienzo de respuesta al contribuir a la constitucionalización de un auténtico poder jurisdiccional —cuyo nombre es preferible al de poder judicial, ya que permite captar la realidad del dualismo jurisdiccional— y cuya existencia se basa fundamentalmente en la afirmación de su independencia. Esta interpretación del poder jurisdiccional se basa, en particular, en las decisiones n.° 80-119 DC, del 22 de julio de 1980, *Loi portant validation d'actes administratifs*, y n.° 226-84 DC, del 23 de enero de 1987, *Conseil de la concurrence*, en las que el Consejo Constitucional sitúa la separación de poderes y la independencia del poder judicial en el núcleo de su reflexión. Así, en la primera decisión, recuerda que el principio constitucional de independencia de la autoridad judicial no abarca la jurisdicción administrativa. Por analogía, esta ve su independencia expresamente constitucionalizada mediante el reconocimiento de un "principio fundamental reconocido por las leyes de la República" (PFRLR) derivado de la ley del 24 de mayo de 1872 relativa al Consejo de Estado. Al proceder así, el juez constitucional garantiza la independencia de las autoridades jurisdiccionales de ambos órdenes con respecto al legislativo y al ejecutivo, postulando así la existencia de un poder jurisdiccional con dos ramas, constitucionalmente protegido. La segunda decisión le permite consagrar la competencia de dicho poder refiriéndose a la "concepción francesa de la separación de poderes". Se basa de nuevo en un PFRLR, reconocido para la ocasión, según el cual la competencia históricamente denegada a los tribunales judiciales se recupera de manera privilegiada por un juez administrativo creado *ad hoc*, dotando así a la jurisdicción administrativa de una reserva de competencia específica.

Este juego de poderes implica que los magistrados se inscriban en una relación de conexión necesaria con los demás actores del sistema político; conexión que se inscribe en el espíritu de coherencia global y de complementariedad que lo anima. Si partimos de la constatación de que el contexto de la democracia constitucional es dinámico y, como tal, conlleva un conjunto de elementos que interactúan entre sí, entonces los magistrados, en la encrucijada de las legitimidades, mantienen con los demás poderes una relación de colaboración mínima, ya sea orgánica o funcional. Así pues, ¿sigue siendo pertinente invocar el concepto de independencia de los magistrados? La independencia significa distanciarse del poder. En términos absolutos, conduce a la marginación de la magistratura, a la compartimentación de las relaciones que debería mantener con los demás poderes y, por lo tanto, a la ruptura de la homogeneidad del sistema. Por supuesto que en la teoría y en la práctica el magistrado debe ser independiente del poder político, pero, concretamente, ¿debe por ello rechazar todo contacto con este último? ¿Rechazar todo diálogo con la Dirección de los

Servicios Judiciales? ¿Considerar que el sindicalismo judicial es una pantalla de protección contra la política? ¿Postular que toda declaración política sobre la justicia se presume atentatoria contra la independencia? La política también puede contribuir a la independencia del magistrado...[11] Refutar esta hipótesis equivaldría a olvidar que la garantía de independencia se basa siempre en una interdependencia implícita. La idea de interdependencia es, pues, mucho más que una modalidad reflejo de la independencia. Es una condición expresa de la separación de poderes, cuyo realismo analítico de Montesquieu demostró que solo podía basarse en una colaboración *a minima* de los poderes con el fin de "actuar de forma concertada".

Las interrelaciones existentes y necesarias entre los actores deberían conducir a reconocer una independencia relativa de los magistrados, ya que, por un lado, se encuentran en una relación de complementariedad o competencia con los demás actores y, por otro, dependen orgánicamente e incluso estatutariamente de sus decisiones. Lo que quizá equivalga a plantear de otra manera la cuestión de la independencia de la justicia y de los magistrados con respecto a la teoría democrática. Si bien todos los poderes se instituyen en el marco de un sistema global y complejo, en el caso de la justicia, la inde-

---

11 Y. Bot, "La politique peut contribuer à l'indépendance du magistrat", in *Le parquet en quête de son identité*, *Justice*, n° 152, 1997, p. 10.

pendencia remite a un enfoque estatutario ideal, mientras que la interdependencia deriva de una lectura funcional más pragmática. Un cambio de enfoque llevaría entonces a considerar el principio de independencia como la definición de la distancia máxima del magistrado con respecto a su entorno, mientras que el paradigma de la interdependencia conduce más bien a pensar en la distancia óptima del magistrado con respecto a su entorno. De lo anterior se deduce que la interdependencia del poder jurisdiccional con los demás poderes constitucionales permite, por un lado, postular que la independencia del magistrado solo puede concebirse en un marco de análisis sistémico basado en un principio de colaboración y no de aislamiento; y, por otro, justificar que el magistrado rinda cuentas de su actividad, ya que la interacción entre los poderes remite tanto a la exigencia de rendición de cuentas (hipótesis baja) como al principio de responsabilidad (hipótesis alta). Esta realidad es, de hecho, un aspecto de la traducción moderna de la antigua exigencia postulada por Montesquieu, la de una colaboración funcional *a minima* entre los poderes. Lejos de estar aislados unos de otros, los órganos dialogan entre sí. En este caso, la búsqueda de la distancia óptima de los magistrados al poder se traduce en la necesidad de establecer interfaces dentro de los poderes constitucionales, es decir, relevos que mantengan vínculos con otras formas de expresión de la soberanía. Por lo tanto, si se busca la independencia de los magistrados en el plano estatutario, esta se traduce necesariamente en una interdependencia en el marco del ejercicio de su misión. Así, lejos de oponerse, ambos conceptos se complementan: si la independencia del magistrado es un principio y un ideal, la interdependencia —por paradójico que pueda parecer— es una modalidad y un parámetro operativo. Un enfoque práctico y situacional del posicionamiento del magistrado muestra, en definitiva, que su independencia solo puede concebirse en una relación dialógica, ya que los poderes están profundamente entrelazados, tanto el judicial como los otros dos. Sin embargo, ¡la interdependencia no es lo mismo que la confusión! La confusión implica una forma de ilegibilidad institucional perjudicial...

¿PUEDE EL PRESIDENTE DE LA REPÚBLICA SER REALMENTE EL GARANTE DE LA INDEPENDENCIA?

Con la fórmula según la cual "El presidente de la República es garante de la independencia del poder judicial", el artículo 64 de la Constitución francesa resume la paradoja de una justicia que quiere cultivar su independencia, en particular con respecto al poder ejecutivo, y cuya independencia está protegida precisamente por el ejecutivo. En estas condiciones, ¿cómo pensar en la independencia de los magistrados, cuyos vínculos orgánicos con el poder ejecutivo son reales, especialmente en el caso de la fiscalía, si la propia institución judicial percibe su independencia garantizada por el poder potencialmente más amenazador para ella? Esta singularidad debe contemplarse en su contexto histórico. En efecto, si bien en las primeras versiones de la Constitución se preveía que fuera el ministro de Justicia, "guardián de los Sellos", quien velara por la independencia del poder judicial, rápidamente se impuso la idea de que el presidente de la República no solo "vela por el respeto de la Constitución", sino que también "garantiza, mediante su arbitraje, el funcionamiento regular de los poderes públicos" (artículo 5), incluida, por tanto, la justicia, autoridad constitucional en el plano estatutario y poder público en el sentido del funcionamiento del Estado. El contenido del artículo 5 y, sobre todo, su extensión a la salvaguarda de la independencia del poder judicial, parecen poder deducirse directamente de la lectura cruzada de tres discursos que reflejan las intenciones constitucionales del general De Gaulle. En primer lugar, el discurso pronunciado por el general en Bayeux el 16 de junio de 1946, en el que explica que "todos los principios y todas las experiencias exigen que los poderes públicos —legislativo, ejecutivo y judicial— estén claramente separados y fuertemente equilibrados, y que por encima de las contingencias políticas se establezca un arbitraje nacional que haga valer la continuidad en medio de las combinaciones"[12]. En segundo lugar, el discurso de Michel Debré ante la Asamblea General del Consejo

---

[12] Discurso disponible en: www.elysee.fr

de Estado el 27 de agosto de 1958, en el que aboga por un presidente de la república que sea la "piedra angular del régimen parlamentario", y también por un título especial en la Constitución que proclamara "la independencia de la justicia, manteniendo la inamovilidad de los magistrados, reconstituyendo un Consejo Superior de la Magistratura y convirtiendo al presidente de la República en garante de las cualidades eminentes del poder judicial"[13]. Por último, el discurso radiofónico y televisivo pronunciado por el general De Gaulle el 20 de septiembre de 1962, que comienza precisando que "la piedra angular de nuestro régimen es la nueva institución de un presidente de la república"[14]. De lo anterior se deduce mecánicamente, tal y como se expuso en la rueda de prensa del 31 de enero de 1964, que "la autoridad indivisible del Estado se confía íntegramente al presidente [...], que no existe ninguna otra, ni ministerial, ni civil, ni militar, ni judicial, que no sea conferida y mantenida por él"[15].

La defensa de la independencia del poder judicial por parte del jefe de Estado cuestiona lo que a menudo se percibe en la opinión pública como una mezcla inapropiada de prerrogativas que corresponden a la justicia y aquellas que pertenecen a la política, lo que acredita la idea de una justicia insuficientemente distanciada del poder. Para in-

---

13 Discurso disponible en: https://mjp.univ-perp.fr/

14 Discurso disponible en: www.senat.fr

15 Véase: https://mjp.univ-perp.fr/

tentar aclarar la situación, la revisión constitucional de 1993 limitó el poder de nombramiento del presidente de la república a la elección de una sola persona cualificada que formara parte del Consejo Superior de la Magistratura, mientras que antes de esa fecha elegía a todos sus miembros. La reforma constitucional de 2008 revisó el artículo 65, en virtud del cual "El Consejo Superior de la Magistratura está presidido por el presidente de la República" para retirar la presidencia a este último y atribuir la copresidencia de dicho Consejo al primer presidente del Tribunal de Casación (para las salas plenarias y "jueces"), y al fiscal general ante dicho tribunal (para la sala "fiscales"). Sin embargo, hubiéramos podido esperar que la reforma constitucional fuera coherente y examinara las disposiciones del artículo 64 de la Constitución francesa, que consagra al presidente de la república como garante de la independencia del poder judicial; pero no fue lo que pasó. Se había presentado una enmienda en este sentido, pero fue rechazada en la Asamblea Nacional.

No obstante, una nueva redacción del artículo que pretendiera afirmar *a maxima* que "el Consejo Superior de la Magistratura es garante de la independencia del poder judicial" —y ya no un simple "asistente" del presidente de la república en este asunto— o, *a minima*, que previera que "el Consejo Superior de la Magistratura contribuye, mediante sus dictámenes y decisiones, a garantizar dicha independencia" (tal y como se contemplaba en el proyecto de ley constitucional de 2013 sobre la reforma del Consejo Superior de la Magistratura), tendría un doble mérito. Por un lado, eliminar cualquier ambigüedad constitucional que pueda generar sospechas legítimas sobre la independencia de la institución judicial y de los magistrados; y, por otro, consolidar el posicionamiento de un Consejo Superior de la Magistratura, "creación continua de la República", retomando la bella fórmula del jurista Jean Gicquel. Desde los años 1990, el Consejo Superior de la Magistratura había interpretado la competencia constitucional que le confiere el artículo 64 como una habilitación para formular un dictamen al presidente de la República sobre cualquier cuestión relativa a la independencia de la magistratura, incluso en ausencia de una solicitud expresa por parte de este. Esta actuación casi *motu proprio* puede ser interpretada como una voluntad de emancipación e incluso de desafío del Consejo Superior de la Magistratura con respecto al ejecutivo (el segundo guardián de la independencia), convirtiéndose en la práctica en su verdadero garante. Esto sin duda, en beneficio de los magistrados; pero exponiéndoles inevitablemente a los riesgos de las presiones mediáticas, sindicales, políticas o de la opinión pública. Se impuso entonces la necesidad de dotar los dictámenes de un marco constitucional explícito, por un lado, para frenar la ampliación de las prerrogativas *de facto* del Consejo y, por otro, para inscribir de forma segura sus intervenciones en un formato jurídico que proteja su independencia estructural y su imparcialidad funcional.

Este es el sentido del artículo 65, apartado 8 de la Constitución francesa, que ahora habilita expresamente al Consejo Superior de la Magistratura para responder a las solicitudes de dictamen formuladas por el presidente de la República en virtud del artículo 64, es decir, en el ámbito de la independencia de la institución judicial y de los magistrados. La introducción de esta función de asesoramiento y dictamen consagra el papel que el Consejo Superior de la Magistratura se había atribuido por iniciativa propia. Eso favorece la consolidación de las garantías estatutarias de independencia de los magistrados.

La independencia de los magistrados se basa en garantías estatutarias

"La independencia de la institución judicial está garantizada en primer lugar por el estatuto de los magistrados [...]. Depende estrechamente de las condiciones de su contratación, su nombramiento y el desarrollo de su carrera" (Consejo Superior de la Magistratura, *Recueil des obligations déontologiques des magistrats* [Compendio de las obligaciones deontológicas de los magistrados])[16].

El principio de independencia del magistrado está profundamente ligado a la separación de poderes, ya que contribuye a definir el campo de acción de cada poder, cuyo ámbito de competencias legal y legítimo termina donde comienza el del poder concurrente. Es por esta razón que, en las constituciones de los Estados de derecho liberales y democráticos, el principio de independencia (de la justicia, del poder judicial, de los tribunales o del juez) está consagrado al nivel más alto de la

16 Consejo Superior de la Magistratura, *Recueil des obligations déontologiques des magistrats* [Compendio de las obligaciones deontológicas de los magistrados], *op. cit.*, capítulo 1 "La independencia", punto 1.

jerarquía normativa. Pero la constitucionalización no puede limitarse a la exigencia de independencia; debe extenderse a sus principios anexos —que no son principios secundarios, sino todo lo contrario— que son las garantías estatutarias que permiten dar cuerpo ante la opinión pública al principio de independencia. Por consiguiente, existen numerosos canales institucionales encaminados a garantizar la independencia de los magistrados. Para ser verdaderamente independientes, los magistrados deben beneficiarse a su vez de la plenitud de estas garantías estatutarias. Seguramente, la independencia no puede reducirse a estas garantías. Sin embargo, son el fundamento obligatorio, ineludible e indispensable para sustentar, luego, una búsqueda de independencia basada en el comportamiento personal y en una comprensión más cultural de la posición que ocupa el magistrado en la sociedad.

LA UNIDAD DE LA MAGISTRATURA NO ES UNIFORMIDAD

Es cierto que la Constitución francesa solo hace referencia a la independencia de la autoridad judicial en su artículo 64; sin embargo, el Consejo Constitucional deriva de su jurisprudencia, basada en esta disposición y en el artículo 16 de la DDHC, tanto la independencia de los tribunales —los cuales son la estructura de la autoridad judicial o jurisdiccional— como la de los magistrados. De ello se desprende que, si "la autoridad judicial comprende tanto a los magistrados jueces como fiscales", según una fórmula bien establecida y una jurisprudencia constante, pueden aplicarse diferentes garantías de independencia para tener en cuenta la diferencia de situación objetiva en la que se encuentra cada una de las categorías de magistrados. La unidad no es ni identidad ni uniformidad. La independencia de los magistrados, tanto interna —su conciencia y la representación de la independencia en su fuero interno— como externa —el distanciamiento del magistrado frente a las amenazas y presiones externas— queda garantizada tanto por la libertad de expresión y la oportunidad de enjuiciar para unos (*le siège*, los jueces), como por la regla de la inamovilidad para otros (*le parquet*, los fiscales).

Si bien el principio de unidad es, en efecto, un fundamento de la independencia —ya sea que se manifieste como unidad de la magistratura, del cuerpo judicial o de la autoridad judicial—, en cualquier caso, no está explícitamente estipulado ni formulado en la Constitución francesa, lo que sin duda se podría esperar. Pues quizá sea una señal de que la unidad del cuerpo judicial está lejos de ser algo evidente[17]. Mientras que el artículo 64 proclama la independencia de la "autoridad judicial" y remite a una ley orgánica sobre el estatuto de los

17 J.-E. Schoettl, *Une si puissante justice*, éd. Dialogues, coll. Mercuriales, 2023, p. 29.

magistrados, el artículo 66, una especie de *habeas corpus* a la francesa, reserva la competencia de la "autoridad judicial" a la protección de la libertad individual y a la garantía contra las detenciones arbitrarias. Solo el artículo 65, en su redacción resultante de la reforma constitucional del 23 de julio de 2008, establece una diferenciación en el principio de unidad, pero sin mencionar este último. Teniendo en cuenta las especificidades de la fiscalía con respecto a los jueces, el artículo establece dos salas distintas (jueces/fiscales) del Consejo Superior de la Magistratura (artículo 65, apartados 1 a 7), junto con una sala común cuando se trata de responder a las solicitudes de dictamen del presidente de la República (artículo 65, apartado 8). En realidad, es la Ordenanza n.° 58-1270, del 22 de diciembre de 1958, por la que se aprueba la Ley Orgánica relativa al Estatuto de la Magistratura, la que correlaciona con precisión las garantías de independencia con el principio de unidad. Su artículo 1 establece que: "El cuerpo judicial comprende: I. Los magistrados jueces y fiscales del Tribunal de Casación, de las cortes de apelación y de los tribunales de primera instancia, así como los magistrados del marco de la administración central del Ministerio de Justicia [...]; II. Todo juez tiene vocación de ser nombrado, a lo largo de su carrera, para funciones de la magistratura y de la fiscalía". Su artículo 4 establece que "Los jueces son inamovibles" y el artículo 5 precisa que "Los fiscales están bajo la dirección y el control de sus jefes jerárquicos y bajo la autoridad del ministro de Justicia. En la audiencia, su palabra es libre".

El Consejo Constitucional consagra expresamente este principio de unidad de la autoridad judicial al hacer que la fiscalía se beneficie no solo de la protección que se deriva del carácter orgánico del estatuto de la magistratura, sino también al vincular su libertad de acción ante las jurisdicciones al principio de unidad y, por lo tanto, a su independencia estatutaria y funcional. Así, en la decisión CC n.º 93-326, del 11 de agosto de 1993, *Réforme du Code de procédure pénale* (§ 3, 4 y 5), indica: "Considerando que la autoridad judicial que, en virtud del artículo 66 de la Constitución, garantiza el respeto de la libertad individual incluye tanto a los jueces como a los fiscales; que si la intervención de un juez puede ser requerida para determinadas prórrogas de la detención policial, la intervención del fiscal de la República en las condiciones previstas por la ley deferida no vulnera las exigencias del artículo 66 de la Constitución". Además, la decisión CC n.º 97-389 DC, del 22 de abril de 1997, *Diverses dispositions relatives à l'immigration*, establece: "Considerando [...] que, si bien el Ministerio Público forma parte de la autoridad judicial, ello no significa que sus funciones sean 'intercambiables' con las de los jueces, cuya independencia está estrictamente protegida por la Constitución, ya que el Ministerio Público está sujeto al principio de subordinación jerárquica con respecto al poder ejecutivo" (§ 58); "Considerando, no obstante, que la autoridad judicial comprende tanto a los jueces como a los fiscales [...]" (§ 61). La decisión CC n.° 2004-492 DC, del 2 de marzo de 2004, *Adaptation de la justice aux évolutions de la criminalité*, menciona: "[el artículo 30 del Código de Procedimiento Penal], que define y limita las condiciones en las que se ejerce [la autoridad del ministro de Justicia], no vulnera ni el concepto francés de la separación de poderes ni el principio según el cual la autoridad judicial comprende tanto a los jueces como a los fiscales [...]" (§ 98). La decisión QPC 2010-14/22, del 30 de julio de 2010, *Garde à vue*, indica: "Considerando [que los demandantes] sostienen [...] que el fiscal de la República no sería una autoridad judicial independiente [...]" (§ 9); "Considerando que la autoridad judicial comprende tanto a los jueces como a los fiscales [...]; que corresponde [al fiscal] apreciar si el mantenimiento de la persona en detención policial y, en su caso, la prórroga de dicha medida son necesarios para la investigación y proporcionados a la gravedad de los hechos que se sospecha que la persona ha cometido; que, en consecuencia, la alegación basada en el incumplimiento del artículo 66 de la Constitución debe ser rechazada" (§ 26). En la decisión QPC 2016-55, del 22 de julio de 2016, *Subordination de la mise en mouvement de l'action publique*, se puede leer: "De la independencia de la autoridad judicial, a la que pertenecen los fiscales, se deriva el principio según el cual el Ministerio Público ejerce libremente, buscando la protección de los intereses de la sociedad, la acción pública ante las jurisdicciones penales" (§ 10). También, la decisión QPC 2017-680, del 8 de diciembre de 2017, *Union syndicale des magistrats*, indica: "De la independencia de la autoridad judicial, a la que pertenecen los magistrados, se deriva un principio según el cual el Ministerio Público ejerce libremente, buscando la protección de los intereses de la sociedad, su acción ante las jurisdicciones" (§ 6).

La articulación de las garantías de independencia con el principio de unidad del poder judicial tiene diversas repercusiones. En primer lugar, un magistrado puede pasar del cargo de juez al cargo de fiscal a lo largo de su carrera, aunque las funciones sean de diferente naturaleza y no sean "intercambiables", como lo ha recordado el Consejo Constitucional. Esto es lógico teniendo en cuenta la formación idéntica recibida en la Escuela Nacional de la Magistratura (artículo 14 de la Ordenanza del 22 de diciembre de 1958 por la que se aprueba la Ley Orgánica relativa al Estatuto de la Magistratura), ya que, al terminar los treinta y un meses de formación, los "auditores de justicia" pueden ser nombrados para seis funciones; cinco como juez y una como fiscal. También se aplican normas comunes en materia de obligaciones, ascensos y disciplina. Sin embargo, existen diferencias estatutarias justificadas tanto por el ejercicio de las funciones de los fiscales (enjuiciar y no juzgar), como por el alcance del artículo 20 de la Constitución francesa, según el cual "El Gobierno determina y dirige la política de la Nación", y el principio de jerarquía que deriva de él, consustancial a la creación de la fiscalía en Francia en los siglos XIII y XIV, pero que no constituye un obstáculo para la libertad de expresión en la audiencia ni para el ejercicio de la acción pública. La lectura constitucional del estatuto de la autoridad judicial y la dualidad de las garantías de independencia del magistrado que proviene de ella se aplica desde una doble perspectiva que conduce, por un lado, a diferenciar la situación de los jueces y de los fiscales; sin, por otro, poner en tela de juicio su pertenencia común a la autoridad judicial y romper con la unidad de la magistratura. Queda por ver hasta cuándo...

A FAVOR DE UNA INDEPENDENCIA CONSAGRADA DE LOS MAGISTRADOS DE LA FISCALÍA

Louis Favoreu, decano de la Facultad de Derecho de Aix-en-Provence, escribió en 1994 que "en Francia aún no se había adquirido la costumbre de abordar las cuestiones de organización o de funcionamiento de la justicia desde una perspectiva constitucional"[18]. Sin embargo, dicho enfoque es necesario para entender la situación de este "Jano de

[18] L. Favoreu, "Brèves observations sur la situation du parquet au regard de la constitution", Revue de sciences criminelles, 1994, p. 675.

dos caras", en la encrucijada de imperativos *a priori* paradójicos que podríamos calificar de mandatos contradictorios, uno de orden público —la defensa de los intereses generales de la sociedad—, y otro de orden privado —el respeto de las libertades individuales—. Si nos fijamos en el principio de unidad de la magistratura, la situación de la fiscalía puede parecer un *trompe-l'œil* por las razones mencionadas anteriormente, lo que reduce su independencia a su dimensión estrictamente funcional. Por otro lado, si nos fijamos en el principio de jerarquía al que está sometida la fiscalía respecto al ministro de Justicia, esta se encuentra casi en una situación de *porte-à-faux*, puesto que la independencia estatutaria reivindicada parece incompatible con la verticalización de las relaciones, que es la única que permite una aplicación igualitaria de la política penal en el territorio. Esta interseccionalidad estatutaria y funcional de la fiscalía (que anteriormente denominamos interdependencia) se manifiesta en la facultad del ministro de Justicia de impartir instrucciones de carácter general al Ministerio Público en el marco de la política penal del Gobierno (artículo 20 de la Constitución y artículo 30 del Código de Procedimiento Penal), y de ordenar que este ejerza el enjuiciamiento. Correlativamente, queda prohibida cualquier instrucción en asuntos individuales. La interpretación habitual y la práctica llevan a admitir que la autoridad jerárquica no tiene competencia para ordenar que no se inicie un proceso. El ministro de Justicia parece poder orientar el enjuiciamiento, pero no oponerse a él. Por otra parte, el Consejo Constitucional consideró en 2004 que este vínculo entre el ministro de Justicia y la fiscalía no vulnera ni la famosa "concepción francesa de la separación de poderes", ni el principio según el cual la autoridad judicial comprende tanto a los jueces como a los fiscales, o ninguna otra exigencia constitucional.

En este contexto, el concepto de independencia de la fiscalía puede cuestionarse legítimamente. ¿Cómo ser independiente si la autoridad está subordinada? ¿Cómo entender la independencia funcional y la imparcialidad de un ministerio público cuya organización se estructura en torno a los principios de jerarquía e indivisibilidad? ¿Cómo concebir el alcance del artículo 33 del Código de Procedimiento Penal, que obliga al fiscal a realizar escritos de requerimiento conformes a las instrucciones de su superior jerárquico, al tiempo que le da derecho a desarrollar "libremente" observaciones orales "que considere convenientes para el bien de la justicia"?[19] ¿Cómo, entonces, se puede admitir una forma de independencia interna, "la palabra es libre" (artículo 5 de la Ordenanza del 22 de diciembre de 1958 sobre el Estatuto de la Magistratura), cuando la independencia externa está limitada, "la pluma es servil"? Sobre todo, en comparación con las garantías de independencia e imparcialidad de

---

19 Consejo Superior de la Magistratura, *op. cit.*. La misma fórmula se encuentra en el capítulo 1, punto 10.

los jueces que, por supuesto, adquieren un significado diferente y, digámoslo así, más evidente a la luz del principio de inamovilidad. En realidad, los rigores del principio de jerarquía en el ejercicio de la actividad jurisdiccional se ven ampliamente atenuados por varias libertades importantes en beneficio de los miembros de la fiscalía, lo que garantiza el equilibrio entre la armonización de las políticas públicas y el reconocimiento de la plena competencia y autonomía del Ministerio Público en el marco de su misión penal[20].

Sin llegar a una independencia absoluta, la política penal —como cualquier otra política, por cierto— debe seguir siendo responsabilidad del Gobierno y estar bajo el control de las asambleas. Tal vez sea en nombre de la teoría de la apariencia, tan apreciada por la justicia y el Tribunal Europeo de Derechos Humanos, así como de la percepción de independencia por parte de los justiciables y la opinión pública, que se debe buscar una mejora. Porque la jurisprudencia europea aprieta cada vez más las tuercas sobre la definición de la autoridad judicial y la pertenencia, en consecuencia, de la fiscalía a esta última, cuyo nivel de independencia choca frontalmente con la concepción constitucional francesa de la unidad de la magistratura. La línea jurisprudencial del Tribunal Europeo se vuelve así

---

20 Ch. Raysséguier, «Le parquet à la française, entre tensions et apaisements», *Constitutions*, n° 3, 2011.

cada vez más incisiva en lo que respecta al artículo 5, apartado 3, del Convenio Europeo de Derechos Humanos (TEDH, 10 de julio de 2008, *Medvedyev contra Francia*; confirmado en apelación ante la Gran Sala, TEDH, 29 de marzo de 2010, *Medvedyev contra Francia*), recordando que "los miembros de la fiscalía no tienen la condición de miembros de la autoridad judicial debido a la ausencia de independencia con respecto al ejecutivo". Estas sentencias no son aisladas, ya que van en el mismo sentido: la sentencia del TEDH del 23 de noviembre de 2010, *Moulin c. Francia*; dos sentencias del 4 de diciembre de 2014, *S. y otros c. Francia* y *H. y otros contra Francia*; así como la sentencia del TEDH del 18 de octubre de 2018, *Thiam contra Francia*, que parece llegar aún más lejos, en particular sobre la apreciación de la independencia de los fiscales con respecto a la independencia funcional de los jueces.

Pero ¿es necesario romper con el modelo francés[21] para disipar la sospecha recurrente de falta de imparcialidad que pesa sobre los miembros de la fiscalía en la realización de investigaciones penales? ¿Unidad del cuerpo de la magistratura o separación de los cuerpos en la magistratura? ¿Funcionarización del Ministerio Público que conduce a la creación de una fiscalía que depende del Gobierno?[22] Sin adentrarse en el terreno de la

21 B. Mathieu, *op. cit.*, p. 50.

22 J.-E. Schoettl, *op. cit.*, p. 32.

ruptura, que podría derivar en una desunión total con el Ministerio de Justicia, un poder jurisdiccional posiblemente desvinculado de los demás poderes, se puede considerar una vía intermedia: una clarificación mediante la armonización del procedimiento de nombramiento de los jueces y de los fiscales. Solo esta opción permitiría finalmente garantizar tanto la imparcialidad real como la apariencia de imparcialidad —igualmente esencial para la opinión pública, ya que remite a la percepción y la representación de la justicia por parte del justiciable—, y también disipar las preocupaciones legítimas sobre la influencia del ministro de Justicia y, en ocasiones, del jefe de Estado, en el nombramiento de determinados fiscales sobre los cuales luego puede recaer injustamente una sospecha de sentirse en deuda. Es esta postura de conciliación la que parece consolidar el artículo 12 del proyecto de Ley constitucional impulsado por el presidente Macron en 2018 (pero que aún no se ha puesto en marcha). Dicho proyecto reproduce, por otra parte, las previsiones de la reforma de 1998 (bloqueada porque no se convocó el Congreso), que se retomaron en la reforma de 2013 (abandonada en la fase de votación en términos idénticos por ambas cámaras), y que también figuran en el proyecto de reforma constitucional de abril de 2016 (al que el propio jefe de Estado renunció). Este último proyecto, además, modificaba la redacción del artículo 64 de la Constitución francesa de la siguiente manera: "el Consejo Superior de la Magistratura contribuye a garantizar la independencia de la autoridad judicial". Si el texto del proyecto de Ley constitucional de abril de 2016 sobre la reforma del Consejo Superior de la Magistratura fuera algún día aprobado y la revisión constitucional llegara a buen término, los miembros de la fiscalía serían nombrados con un previo dictamen conforme de la sala competente del Consejo Superior de la Magistratura, y ya no por simple dictamen como ocurre en la actualidad (artículo 2-1º), lo que implicaría una "alineación" con el régimen de nombramiento de los jueces. Además, la misma sala actuaría como consejo de disciplina (artículo 2-2º), al igual que ya lo hace la sala dedicada a los jueces del Consejo Superior de la Magistratura.

Con esta actualización de los regímenes, que parece contar con un consenso generalizado, al menos en los niveles más elevados de la jerarquía judicial, y la preservación del principio según el cual las políticas públicas de la justicia, incluida la política penal, son competencia del Gobierno, de conformidad con el artículo 20 de la Constitución francesa, el constituyente reafirmaría claramente que la autoridad judicial sigue comprendiendo, ahora más que nunca, a los jueces y los fiscales. Además, demostraría que la independencia estatutaria y la imparcialidad, tanto objetiva como subjetiva, pueden coexistir plenamente con una interdependencia funcional.

¿QUÉ INAMOVILIDAD PARA LOS JUECES?

En un sistema jurisdiccional construido en torno al principio de unidad de la magistratura y que, por lo tanto, incita a todos los magistrados a pasar por las funciones de juez y fiscal durante su carrera, es imposible no plantear el alcance de la independencia de los jueces a la luz de lo que se ha mencionado anteriormente con respecto a los magistrados de la fiscalía. Desde el punto de vista de la opinión pública, la idea de independencia es aceptada en la medida en que mitifica (o desmitifica) una justicia que no lo sería si no existiera la independencia de los jueces. La materialización de la independencia mediante la inamovilidad sigue siendo un tema bastante ajeno a los justiciables; quizás porque la inamovilidad revela un profundo vínculo a un dogma —el de la separación de poderes, del que es una representación a través del mecanismo de protección contra la destitución arbitraria de los jueces por parte del poder político—, y a un temor —el del gobierno de los jueces, que una interpretación demasiado rígida del principio provocaría—. Sin embargo, se trata de una garantía indispensable heredada de Napoleón. *El Recueil des obligations déontologiques des magistrats* [Compendio de obligaciones deontológicas de los magistrados] elaborado por el Consejo Superior de la Magistratura precisa, en su capítulo primero sobre la independencia de la autoridad judicial, que la inamovilidad de los jueces y el principio de ascenso libremente consentido constituyen una garantía esencial de la independencia de los magistrados (punto 5). En el mismo sentido, el Consejo de Europa, en sus "Principios fundamentales" relativos a la independencia de la magistratura, indica que los jueces, que sean nombrados o elegidos, deben ser inamovibles hasta que alcancen la edad obligatoria de jubilación o el final de su mandato. Desde este punto de vista, la inamovilidad se presenta como la contrapartida al nombramiento de jueces por parte del poder ejecutivo[23], teniendo en cuenta que los jueces y fiscales son nombrados hoy en día en Francia por decreto del presidente de la República.

El último apartado del artículo 64 de la Constitución especifica que los jueces son inamovibles; la misma fórmula se utiliza en el artículo 4 de la Ordenanza del 22 de diciembre de 1958 relativa a la Ley orgánica sobre el Estatuto de la Magistratura. *A contrario,* los fiscales que ocupan una posición funcional diferente bajo la autoridad del ministro de Justicia no gozan de la garantía de inamovilidad, a pesar de que su pertenencia a un cuerpo judicial común los somete al mismo estatuto orgánico que a sus colegas jueces. Como garantía primordial y fundamental de la independencia de los jueces y característica esencial de su estatuto, la inamovili-

---

23 J.-P. Royer, "La magistrature en Europe", *Revue politique et parlementaire*, n° 7-8, 1991, p. 24.

dad implica que ellos no pueden recibir sin su consentimiento ninguna nueva asignación, ni siquiera un ascenso. A este respecto, algunos autores han distinguido entre la inamovilidad relativa a las funciones judiciales, por un lado, y la inamovilidad de residencia, por otro, esta última prohibiendo más específicamente cualquier asignación no consentida fuera del ámbito de competencia predefinido de una jurisdicción[24]. Esta interpretación matizada y constructiva de la inamovilidad podría conducir a la ampliación del ámbito de su aplicación para los fiscales, como mínimo la inamovilidad del cargo vinculada a las funciones específicas del Ministerio Público, o al menos en lo que concierne a la implementación de la política penal del Gobierno; pero no la inamovilidad de residencia, debido al vínculo jerárquico que estructura la fiscalía.

Se desprende de la interpretación expuesta que la afirmación del principio en el texto fundamental no implica necesariamente una definición suficiente de su contenido y de su ámbito de aplicación. Tanto en Francia como en otros lugares, la tarea de precisar su alcance corresponde al juez constitucional. Así, a lo largo de la jurisprudencia, se ha definido el significado de la inamovilidad, la cual implica no solo que un juez no puede, ni siquiera por vía de ascenso, ser asignado, desplazado o

---

24 Th. Renoux, *Le Conseil constitutionnel et l'autorité judiciaire*, Economica, 1984, p. 141 et s.

trasladado sin su consentimiento previo; tampoco puede ser destituido, suspendido o jubilado de oficio fuera de las garantías previstas en su estatuto. En resumen, un juez no puede ser destituido de sus funciones salvo que existan incumplimientos graves de los deberes vinculados a dichas funciones. Esta concepción de la inamovilidad tiene consecuencias, y a veces genera tensiones, tanto en lo que respecta a la sustitución de un magistrado en nombre de la continuidad del servicio público de la justicia o a su no sustitución en virtud del principio de mutabilidad de la justicia; también en lo relacionado con la asignación de magistrados a funciones de presidente de jurisdicción o juez especializado que, por su naturaleza, están limitadas en el tiempo. La inamovilidad crea una esfera de protección de los jueces dentro de la cual el poder ejecutivo no puede penetrar, lo que a veces suscita más fantasías de elusión o desviación de dicho principio. La práctica en algunos Estados revela tensiones latentes entre el poder político y el poder judicial que, por un lado, han evidenciado los intentos de neutralizar el principio de inamovilidad de los jueces, recurriendo a las "necesidades del servicio" que pueden conducir al traslado de magistrados opuestos al poder político vigente; y, por otro, han mostrado una sumisión al poder ejecutivo de los Consejos de la Magistratura o instituciones equivalentes, que podrían verse tentados a cerrar los ojos y a dar su consentimiento para traslados no consentidos o no motivados por el interés general del servicio[25]. Las atenuaciones legales al principio de inamovilidad, ya sea que se denominen "comodidades administrativas", "necesidades del servicio", "interés del servicio", etc., deben seguir siendo derogaciones excepcionales. Para ser válidamente admitidas, deben ser debida y obligatoriamente controladas por el órgano garante de la independencia de los magistrados. Así, aunque no cabe duda de que la inamovilidad constituye un parámetro esencial para la concreción de la independencia del magistrado en un sistema de carrera, sigue siendo una garantía mínima. Pues no es suficiente saber que no será transferido de forma autoritaria si el magistrado nunca consigue obtener el traslado que desea o la promoción que merece. Se tratará de una verdadera garantía de independencia en la carrera de los jueces solamente si la inamovilidad se contempla a la luz de un derecho real al traslado (que no debe ser una sanción disimulada) o al ascenso (que no debe suponer un traslado de oficio).

---

25 F. Hourquebie, «L'indépendance de la justice dans les pays francophones», *Les Cahiers de la justice*, n° 2, 2012, pp. 41-61.

INTENTAR AGRADAR Y ARRIESGARSE A DESAGRADAR

Más allá de las garantías estatutarias indispensables para la independencia del magistrado, en la medida en que constituyen una especie de "malla de seguridad", la independencia se basa ante todo en una ética de convicción y en la responsabilidad que deben llevar a los magistrados a servir únicamente a la ley y no a sus autores. Así lo recuerda el *Recueil des obligations déontologiques* (en el punto 4 del capítulo 1 sobre la independencia), en estos términos: "Como guardianes de la libertad individual, [los magistrados] aplican las reglas del derecho en función de los elementos del procedimiento, sin ceder al temor de desagradar ni al deseo de agradar al poder ejecutivo, al poder legislativo, a la jerarquía judicial, a los medios de comunicación, a la opinión pública o a cualquier otra organización". Miedo de agradar o intentar agradar; riesgo de desagradar o procurar no agradar (demasiado)... ¡Esa es la cuestión! O el juez sigue siendo lo que debe ser, o bien deja de ser servidor de la ley para convertirse en servidor del poder. En el primer caso, demuestra una moderación axiológica conforme a la imparcialidad que se espera de él. En el segundo, manifiesta un cierto activismo militante en nombre de alguna lealtad política o personal para complacer al poder establecido, o bien una forma de moderación para no molestar al poder o a los intereses en cuestión. Una docilidad para tratar de no desagradar de alguna manera…

Estas "balizas éticas" que delimitan la función del juez y el perímetro de su imparcialidad constituyen señales fuertes de alerta frente a las potenciales presiones que, más allá de ser estrictamente políticas, son mucho más difusas y pueden ejercerse sobre los jueces de instrucción, los magistrados del ministerio público o los presidentes de jurisdicciones, en el marco de asuntos mediáticos o de "grandes juicios", entre otros. ¿Cómo mantener una línea de independencia y una apariencia de neutralidad en el juicio de Patrick Henry (1977), en el juicio de Outreau (2005), en los juicios relacionados con el genocidio de Ruanda (2014-2022), o bien en los juicios ante el Tribunal de Justicia de la República que implican a miembros del Gobierno por actos delictivos o criminales cometidos en el ejercicio de sus funciones (2023, para el juicio más reciente que implica al exministro de Justicia, E. Dupond-Moretti)? Lo que hoy en día se considera una tentación que hay que rechazar o un prejuicio del que hay que alejarse era, por el contrario, un consejo dado por Oswald Baudot en 1974 en su "Arenga a todos los magistrados que empiezan": "No cerréis vuestros corazones al sufrimiento ni vuestros oídos a los gritos […]. Consultad el sentido común, la equidad o el amor al prójimo antes que la autoridad o la tradición […]. Para mantener el equilibrio entre el fuerte y el débil, entre el rico y el pobre, que no pesan lo mismo, hay que inclinarlo un poco hacia un lado […]. Tened un prejuicio favorable hacia la mujer frente al marido, hacia el hijo frente al padre, hacia el deudor frente al acreedor, hacia el obrero frente al patrón […], hacia el ladrón frente a la policía, hacia el litigante frente a la justicia […]"[26].

Éric de Montgolfier, que fue fiscal, publicó hace poco más de quince años un libro acertadamente titulado *Le devoir de déplaire* [El deber de desagradar], en el que relataba los obstáculos y las trabas que entorpecen el juicio y jalonan el día a día de los magistrados, impregnados tanto de la lentitud de la institución judicial como del poder de la jerarquía y de tradiciones obsoletas e imponentes, incluso pesadas. Este deber de desagradar, que el decano Vedel también denominaba "deber de ingratitud" para los miembros del Consejo Constitucional con respecto a su autoridad de nombramiento, implica que el magistrado no debe comportarse ni como militante ni como fiel representante de intereses externos. Es esa falta de lealtad hacia terceros —pero un deber de lealtad hacia el procedimiento— lo que permite situar al magistrado a una distancia necesaria y suficiente de los demás actores de su entorno (véase *supra*), así como también lo protege de cualquier forma de seducción. Sin embargo, el eterno debate sobre la neutralidad integral del

---

26 S. Gaboriau, "La harangue de Baudot, plaidoyer pour une impartialité réelle", *Délibérée*, n° 3/2018, pp. 31-37.

magistrado será inútil mientras sean hombres y no dioses o máquinas quienes impartan justicia. No obstante, al admitir que puede desagradar y al luchar contra la tentación de agradar, el magistrado mantendrá su difícil y particular posición de "guardián de las promesas"[27]. Son promesas cuyo ideal y realización dependen más que nunca, en un entorno atravesado por los deseos y las atracciones, de la conciencia que el magistrado tiene de su comportamiento y también de la percepción de este por parte del público al que se dirige.

---

27 A. Garapon, *Le gardien des promesses. Justice et démocratie*, éd. Odile Jacob, 1996.

La independencia de los magistrados es una cuestión de conducta personal

> **"La independencia también requiere que los magistrados tengan un estado de mente, un saber-estar y un saber-hacer que deben enseñarse, cultivarse y profundizarse a lo largo de toda la carrera"** (Consejo Superior de la Magistratura, *Recueil des obligations déontologiques des magistrats* [Compendio de las obligaciones deontológicas de los magistrados])[28].

Las garantías estatutarias mencionadas anteriormente, por muy buenas que sean, no pueden sustituir ni el coraje, ni la sabiduría ni la integridad; es decir, la independencia de espíritu del magistrado. Ello se debe a que la independencia es, sin duda, una cuestión de ética personal que ninguna norma jurídica, por fundamental que sea, podría ni sabría captar. Desde este punto de vista, la independencia de los magistrados es tanto un asunto de comportamiento y temperamento como de honor y virtud, por citar a Montesquieu. Lo que

---

28 Consejo Superior de la Magistratura, *op. cit.*, capítulo 1 "La independencia", punto 2.

hace que su materialización sea, en el mejor de los casos, delicada y, en el peor, a veces ilusoria.

¿EXISTE REALMENTE LA IMPARCIALIDAD DEL MAGISTRADO?

¿Es el principio de independencia el más adecuado para reflejar la realidad de la posición de los magistrados en su entorno? Muy probablemente sí, por las garantías estatutarias que implica; pero de una forma más incierta si se trata de dar cuenta de la actitud que se espera del juez. Por lo tanto, aunque se conciba la imparcialidad como contrapartida indispensable de la independencia, quizás convenga preferir la primera exigencia a la segunda para aprehender el "buen" comportamiento profesional del juez en el ejercicio de sus funciones, es decir, su ausencia de prejuicios ("la imparcialidad obliga al magistrado a despojarse de todo prejuicio", lo recuerda el *Recueil des obligations déontologiques*).

En realidad, el requisito de imparcialidad es tan consustancial al oficio de magistrado que, bajo la influencia del Tribunal Europeo de Derechos Humanos, y en particular de su sentencia del 1 de octubre de 1982, *Piersack contra Bélgica*, la imparcialidad puede entenderse de dos maneras. Una de ellas es el enfoque objetivo, que lleva a investigar si el magistrado presenta garantías suficientes para excluir cualquier duda legítima. La otra conlleva un enfoque más subjetivo, que trata de determinar lo que el magistrado piensa en tales circunstancias y ante tal litigio. Pero ¿no es esto un oxímoron? ¿No es artificial la distinción? ¿Puede el magistrado ser subjetivamente imparcial, cuando la subjetividad remite a lo íntimo, a la conciencia y cuando la imparcialidad parece referirse, más bien, a la regla o a la norma? Si juzgar en conciencia es la primera característica de la independencia, entonces la exigencia de imparcialidad es una ética del comportamiento.

La imparcialidad objetiva está vinculada, en primer lugar, al artículo 6, apartado 1, del Convenio Europeo de Derechos Humanos y al derecho a un juicio justo que de él se deriva. Por lo tanto, son sobre todo consideraciones de carácter funcional y orgánico las que permiten evaluar la imparcialidad estructural del tribunal y, por ende, la imparcialidad objetiva del magistrado. La separación de poderes, en su vertiente de "especialización funcional", es un elemento central para determinar la imparcialidad objetiva. No obstante, la apariencia de imparcialidad es tan fundamental como la imparcialidad misma; la imparcialidad figurativa es tan decisiva como la representación de esta. En otras palabras, la imparcialidad verdadera debe corresponder imperativamente a la percepción de imparcialidad del magistrado que tiene el justiciable; una teoría de la apariencia que el Tribunal Europeo de Derechos Humanos formaliza, en particular desde la sentencia *Delcourt contra Bélgica* del

17 de enero de 1970, al reapropiarse del adagio del *common law*, con la idea de que la justicia no solo debe impartirse de manera imparcial, sino que también debe percibirse como tal (*Justice must not only be done, it must also be seen to be done*). El Consejo Superior de la Magistratura francés se suma a esta concepción pidiendo al magistrado que evite cualquier comportamiento que pueda dar lugar a que se ponga en duda su imparcialidad, porque, como precisa el *Recueil des obligations déontologiques* (capítulo 2, punto 1), no basta con que el magistrado sea imparcial en el ejercicio de sus funciones, sino que también debe parecerlo. No es suficiente que el magistrado sea consciente de su imparcialidad; esta debe ser visible, palpable y nadie puede dudar de ella. Por lo tanto, el magistrado no debe dar la impresión de tener una relación cercana con ninguna de las partes involucradas o sus abogados. Un juez no debe mostrarse cercano a ningún representante del ministerio público; y recíprocamente[29]. Lo cierto es que el patrimonio inmobiliario judicial, salvo contadas excepciones, no puede hacer milagros, y los palacios de justicia, a menudo cargados de historia, se prestan bastante mal a la traducción urbanística de una organización de los servicios de la magistratura conforme a la teoría de la apariencia…

---

[29] Consejo Superior de la Magistratura, *op. cit.*, capítulo 2 "La imparcialidad", punto 6.

La hipótesis general es que se considera que existe falta de imparcialidad objetiva por parte del magistrado cuando ocupó anteriormente un cargo en relación con el mismo caso. Se trata de prestar atención a las funciones que un magistrado pudo haber desempeñado sucesivamente en un caso determinado. Un magistrado no puede conocer dos veces del mismo caso, ya que, de lo contrario, no podría examinarlo con una nueva mirada. Así, un fiscal que se convierte en juez no puede, en teoría, juzgar casos en los que anteriormente decidió el enjuiciamiento. De la misma forma, la separación entre la instrucción y el juicio exige que esta última función se confíe a una jurisdicción totalmente distinta de la de la instrucción. Igualmente, el juez que haya dictado la resolución impugnada no puede formar parte de la jurisdicción que debe conocer de la apelación. Del mismo modo, el magistrado que ha emitido un dictamen (ejercicio de la función consultiva) no puede participar en el fallo (ejercicio de la función jurisdiccional); tampoco el antiguo "comisario del Gobierno" ante la jurisdicción administrativa (hoy "ponente público") puede asistir a la deliberación. Esta exteriorización de la imparcialidad en nombre del imperativo de la apariencia, para que el justiciable tenga la sensación de que se ha impartido justicia "según las formas", refuerza tanto las garantías ofrecidas a los ciudadanos como la ética de responsabilidad del magistrado. La imparcialidad objetiva, funcional por naturaleza, sustenta así de manera indudable la construcción de la independencia del magistrado y, por ende, su legitimidad como juez "situado" en su jurisdicción.

La imparcialidad objetiva es cuantificable, medible y evaluable, en la medida en que es "el candado de un enfoque objetivo y desinteresado"[30], pero captar la imparcialidad subjetiva es más delicado, ya que remite al interior del magistrado, a la conciencia que tiene de su misión y a la representación que se hace de ella. La imparcialidad subjetiva del magistrado es ante todo una imparcialidad individual cuya falta pondrá de manifiesto sus convicciones personales sobre un tema determinado, sus sesgos de reflexión, sus eventuales prejuicios, su compromiso de naturaleza política, filosófica o religiosa, su forma de dirigirse a las partes —tanto en el tono adoptado como en la formulación de las preguntas planteadas—, sus signos de aprobación o desaprobación que manifiestan una forma de desigualdad de trato al escuchar, etc. La fuerza de convicción del magistrado y la conformidad de su actitud con un umbral de exigencia deontológica se convierten en el único baluarte frente a las amenazas y presiones, tanto internas como externas, que pueden ejercerse sobre él. Si la presión del poder político es real y bien conocida, hay que prestar especial atención a todas las demás formas de influencia difusas e insidiosas, ya que atacan la

---

30 D. Commaret, *Une juste distance ou réflexions sur l'impartialité du magistrat*, Dalloz, 27e Cahiers, 1998, p. 262.

ética del comportamiento y se derivan de la evolución del magistrado en su "biotopo" judicial. Lo destacaba notablemente Simone Rozès, que fue la primera presidenta del Tribunal de Casación francés, para quien "ser magistrado es (...) tener sentido de la objetividad, saber protegerse de la influencia de su entorno, de su cultura, de sus prejuicios y de sus concepciones religiosas, éticas o filosóficas, así como de sus opiniones políticas. La imparcialidad es el alma del juez. Ser magistrado es también evitar ceder a las solicitaciones de la opinión pública o corporativista, y preferir una verdad a veces impopular, embarazosa o incómoda, a las facilidades de la demagogia. La imparcialidad es la valentía del juez"[31].

Esta es sin duda una magnífica definición de la imparcialidad subjetiva, pero hace aún más compleja su apropiación y a la vez esencial su protección. La cultura común que se enseña desde el ingreso a la Escuela Nacional de la Magistratura contribuye ciertamente y con fuerza a ello. Es así como la formación "Humanidades Judiciales"[32] impartida

---

31 G. Canivet, J. Joly-Hurard, *La déontologie du magistrat*, Dalloz, coll. "Connaissance du droit", 2e éd., 2009, p. 103.

32 Además de los otros siete temas de formación inicial: "Proceso de decisión y formalización de la justicia civil", "Proceso de decisión y formación de la justicia penal", "Comunicación judicial", "Administración de justicia", "Dimensión internacional de la justicia", "Entorno judicial" y "Polo económico, social y medioambiental", véase: www.enm.justice.fr

a los "auditores de justicia" tiene como objetivo abrir su mente al mundo judicial y a su entorno, proponiendo varios cursos: la cultura judicial, la posición de la justicia en la sociedad, la ética y la deontología de los magistrados, el acto de juzgar, la función del magistrado en la actualidad —incluyendo un módulo que aborda los sesgos en el juicio y la consideración de las emociones—. Eso contribuye indiscutiblemente a la adquisición de una cultura compartida y al refuerzo de la imparcialidad subjetiva de cada futuro magistrado. Ahora bien, dedicar 10.5 medias jornadas de un total de 308[33] distribuidas en los ocho centros de formación y a lo largo de todo el período escolar representa el 3.4% de la enseñanza y parece muy insuficiente hoy en día, teniendo en cuenta los constantes cuestionamientos de la legitimidad del magistrado, en particular por las sospechas sobre su independencia e imparcialidad, por un lado, y la creciente desconfianza del público hacia su justicia, por otro.

La imparcialidad subjetiva implica una apreciación *in concreto* de la ausencia de sesgo por parte del magistrado. Dado que se presume la imparcialidad, cuestionarla equivale en realidad a aportar pruebas de su parcialidad. Ahora bien, esta tarea puede resultar delicada, ya que aquí se trata de la actitud personal del magistrado. El Consejo Superior de la Magistratura, a través de sus dictámenes, auténti-

---

33 *Ibidem*, p. 36.

cos enunciados de principio sobre la imparcialidad, ha podido sentar las bases deontológicas que permiten definir la parcialidad subjetiva o el incumplimiento por parte del magistrado de la dignidad de su función. En el núcleo de la comprensión de esta imparcialidad tan particular se encuentra la ética del magistrado, es decir, la conciencia permanente "de que, en el silencio de los textos, su comportamiento no se deja a su discreción o fantasía, sino que debe referirse a las exigencias fundamentales de su función"[34]. Así, de manera general, el magistrado que muestra prejuicios puede ser objeto de una solicitud de recusación. El juez que mantiene relaciones con una de las partes en el marco de un litigio está obligado a abstenerse. El fiscal que ha tomado decisiones de enjuiciamiento o de archivo en procedimientos que implican a personas con las que tiene relaciones de amistad, enemistad o interés puede legítimamente sembrar dudas sobre la imparcialidad del Ministerio Público. El magistrado que ha participado en una red de influencia levantó ante la opinión pública una sospecha de compromiso en el ejercicio de la justicia, dando de esta una imagen desfavorable que puede debilitar la confianza de los justiciables en la imparcialidad que tienen derecho a exigir a sus jueces. De la misma forma, el juez que se expresa en las redes sociales debe ser consciente

---

34 D. Ludet, "Quelle responsabilité pour les magistrats ? ", *Pouvoirs*, n° 74, 1995, p. 135.

de que no es un internauta como los demás y debe mostrar, en consecuencia, una vigilancia especial, particularmente cuando escribe con su identidad y en calidad de magistrado[35].

Puesto que la falta de imparcialidad subjetiva se solapa con una falta grave contra el sentido de la responsabilidad, el incumplimiento de los deberes relacionados con el cargo pone especialmente en peligro la dignidad y el honor, lo que está en juego es el respeto de las exigencias éticas fundamentales. La necesidad de una ética fuerte y más exigente indica una percepción más moral de la conducta profesional del magistrado y que la ética constituye un valor cardinal para restaurar la confianza de los justiciables. Lo recuerda el *Recueil des obligations déontologiques des magistrats* al subrayar que "el magistrado, miembro de la autoridad judicial, obtiene su legitimidad de la ley que lo ha querido independiente e imparcial, principios que se imponen a los demás poderes. El desconocimiento de estos imperativos comprometería la confianza del público"[36].

Este desplazamiento actual del principio de imparcialidad hacia su vertiente subjetiva debe interpretarse, sin duda, a la luz del auge bastante reciente de las preocupaciones relativas a la ética

---

35 Sobre los dictámenes del Consejo Superior de la Magistratura en materia deontológica, véase: www.conseil-superieur-magistrature.fr/missions/deontologie

36 Consejo Superior de la Magistratura, *op. cit.*, Introducción, punto 6.

del juez. Se trataba de colmar un déficit ideológico en esta materia. En efecto, la tradición positivista ha desempeñado un papel esencial en la relegación de las normas éticas y en la subjetivización de ciertas reglas que derivan naturalmente del principio de independencia. El derecho se ha construido encerrándose en una forma de legalidad y constitucionalidad autosuficientes que no llevaban a buscar complementos en otros sistemas normativos, como la moral o la ética[37]. Por otra parte, la concepción tradicional del juez en tanto que "boca de la ley", aún muy anclada en la tradición judicial francesa, no parece dispuesta a desaparecer tan fácilmente ante una concepción más anglosajona del juez como "oráculo vivo" que descubre el derecho con pragmatismo y cuyas reglas de conducta se rigen más por su conciencia que por su estatuto. El resultado es que el magistrado ya no es un actor estratégico determinado únicamente por la institución a la que pertenece, sino un poder que reivindica su parte de creatividad. La subjetivización del principio de imparcialidad traduce, entonces, un realismo cada vez más presente en la interpretación judicial.

¿No se basa la promoción de la imparcialidad subjetiva en un mito, el del juez como tercero desinteresado? Un tercero, por qué no. La exterioridad al litigio, el hecho de no estar ni de un

---

37 A. Garapon, "L'éthique du juge", Les cahiers de l'IHEJ, n° 1, 1993., pp. 27-39.

lado ni del otro, "escuchar a los protagonistas con benévola neutralidad"[38], la refutación de cualquier sesgo cognitivo en la interpretación o el acto de juzgar… ¿Pero desinteresado? ¿Puede el juez realmente abstraerse de todo su sistema de valores y resistirse al sistema de limitaciones —fidelidades, lealtades, convicciones, compromisos— que se le imponen, salvo que se considere que no es más que lo que la historia quiso que fuera, el autómata de un silogismo cuya alma desaparece tras la mecánica del razonamiento? Aquí tenemos la prueba de que la búsqueda de la imparcialidad remite, ante todo, a la cuestión de la humanidad de los jueces[39]. Montesquieu ya intentaba neutralizar esta humanidad subyacente y potencialmente perturbadora, defendiendo la figura de un juez que no es más que la boca que pronuncia las palabras de la ley, convirtiéndolo así en un ser inanimado (declama un razonamiento) y despersonalizado (no decide en su nombre, sino en nombre de la ley). Pero ¿puede el magistrado que ha entrado en la era de la posmodernidad estar verdaderamente desencarnado? Laferrière ya escribía en el siglo XIX, sobre la culpa personal, que no era "la del administrador más o menos propenso al error, sino

---

38 D. de Béchillon, "Un juge politisé est-il encore un juge ?", *L'Express*, 21 août 2023, p. 73.

39 J. Allard, "L'impartialité au cœur de l'autorité du juge. Approches philosophiques", *Les Cahiers de la justice*, n° 4, 2020, p. 667.

la que revela al hombre con sus debilidades, sus pasiones y sus imprudencias". La observación es sin duda aplicable al oficio del magistrado, ya que la falta de imparcialidad subjetiva no tiene otro fin más que mostrar sus debilidades, sus pasiones y sus imprudencias; en resumen, sus prejuicios, sus certezas y sus verdades. Es precisamente aquí donde reside la virtud del magistrado, que sustenta su imparcialidad subjetiva al revelar las tensiones que esta implica. Si se analiza desde una perspectiva racionalista, la imparcialidad siempre ha implicado una forma de "distanciamiento de los sentimientos, las opiniones, las convicciones y las emociones con el fin de fundar el juicio en la razón"; en la tradición republicana, "las cualidades humanas y subjetivas no son importantes, incluso se descartan por completo al ser lo que corrompe el juicio"[40]. Lo que revelaría la imparcialidad subjetiva sería, por tanto, una forma de neutralidad axiológica que plantearía la siguiente pregunta: ¿puede el magistrado aplicar la ley prescindiendo de toda referencia explícita o implícita a los valores, ya sean morales, políticos o ideológicos?[41] Pues la supuesta neutralidad no puede ser más que una ficción, ya que resulta difícil imaginar que los magistrados puedan desprenderse de ciertos valores que influyen en el cargo y en el acto de juzgar. De

---

40 *Ibidem*, pp. 663 et 666.

41 F. Hourquebie, "Libre propos sur le juge constitutionnel et les valeurs", *Les Cahiers de la justice*, n° 1, 2022, p. 8.

hecho, la justicia es permeable al estado de ánimo del magistrado, su posición social o su cultura. Por tanto, el reto no es saber cómo desligarse de estos valores, lo que sería una utopía, sino entender cómo minimizar su influencia y apartarse de ellos para no juzgar con un riesgo de parcialidad. En otras palabras, esta subjetividad personal abriría una posible brecha de arbitrariedad en el acto de juzgar. De hecho, ya lo decía Montaigne en *Les essais* [*Ensayos*] cuando señalaba que "los atuendos de las leyes, pero también la institución con sus procedimientos y sus rituales, con su racionalidad, no tienen otra función que dar a la arbitrariedad de los jueces un barniz de legitimidad"[42].

Así, el faro que debe guiar al magistrado en su conducta profesional tiene varias luces: "imparcialidad, ponderación, serenidad, atención a los demás…"[43]. Unas son más subjetivas, personales e intuitivas que otras; pero todas son al servicio de la decisión justa, ya que, como escribió Aristóteles en su obra *Retórica*, "la equidad consiste en perdonar las debilidades humanas". ¿Y con más razón aún cuando se trata de las debilidades de los magistrados?

---

42 J. Allard, *op. cit.*, p. 668.

43 Ch. Soulard, "Le juge et les valeurs fondamentales : pour une éthique de la discussion", *Les Cahiers de la justice*, n° 1, 2022, p. 65.

PRESTIGIO SOCIAL E INDEPENDENCIA

El prestigio social se basa en gran medida en la autoridad, la legitimidad, la admiración, el reconocimiento, la notoriedad... Depende tanto de lo íntimo (la representación que el magistrado tiene de su función) como de lo público (la percepción que los justiciables tienen de su juez). El juramento que presta todo magistrado al ser nombrado para su primer cargo y antes de tomar posesión de este, sin duda, materializa una forma de prestigio de la profesión, tanto por la ritualización que implica como por la solemnidad que conlleva. Los términos del juramento (que la Ley orgánica del 8 de agosto de 2016 relativa a las garantías estatutarias, las obligaciones deontológicas y la contratación de magistrados, así como al Consejo Superior de la Magistratura, modificó suprimiendo el adverbio "religiosamente" en relación con el secreto profesional y las deliberaciones) son testimonio de ello: "Juro cumplir mis funciones con independencia, imparcialidad y humanidad, comportarme en todo como un magistrado digno, íntegro y leal, y respetar el secreto profesional y el de las deliberaciones"[44]. El juramento de los magistrados, más allá de su función simbólica que permite crear un cuerpo, construir una identidad e infundir una cultura, representa ya

44 Artículo 6 de la Ordenanza del 22 de diciembre de 1958 por la que se aprueba la Ley Orgánica relativa al Estatuto de la Magistratura.

un reconocimiento hacia la República y un honor para el futuro magistrado que lo pronuncia. El deber de dignidad del magistrado procede así, de forma natural, del juramento; en la encrucijada de valores, la independencia, la imparcialidad y el desinterés. Así lo recordó el jefe de Estado en su discurso durante la prestación de juramento de una nueva promoción de la Escuela Nacional de la Magistratura en Burdeos, el 9 de febrero de 2024: "Un juramento hecho en nombre de la concepción republicana de nuestra justicia: autoridad que aplica las leyes que el pueblo eligió, en el respeto de los principios fundamentales de nuestro derecho, a la luz de nuestras tradiciones y nuestros valores. Es también un juramento a sí mismo: ser fiel al auditor de justicia que son en este momento, con su parte de duda, ese suplemento intacto de ideal, de deseo de servir, libre de todo prejuicio, de todo desgaste, de todo acomodo, decidido a obrar, a pensar a veces en contra de sí mismo, independiente de todo, de todo espíritu de cuerpo, de pasiones públicas, de pasión personal, guiados únicamente por el sentido de su función"[45]. Quizás sea ahí, en el honor del cargo, donde se esconde el prestigio…

Sin embargo, más allá de lo simbólico, el alejamiento del magistrado de las tentaciones a las que se ve expuesta cualquier persona que ocupa una

---

45 Discurso pronunciado por el presidente de la República durante su visita a Burdeos con motivo de la toma de posesión de la nueva promoción de la Escuela Nacional de la Magistratura en 2024, véase: www.elysee.fr

posición de poder (dinero, política...) depende de sus condiciones materiales y de su reconocimiento. Los magistrados no son una excepción a esta regla. En este sentido, las garantías financieras son indispensables. El magistrado debe percibir un salario digno que le proteja de las tentaciones que puedan surgir tanto del poder político como del poder económico, las cuales puedan tomar diversas formas, incluida la corrupción. Sobre todo, porque para la gran mayoría de los magistrados, a la fragilidad de su situación financiera se suma, a menudo, una falta de "notabilidad" ante los justiciables que podrían recurrir a ellos. Por su parte, de manera simétrica, la jurisdicción debe tener la garantía, de parte del poder político, de disponer de medios de funcionamiento suficientes. Sin embargo, no es raro observar que, en muchos países, el presupuesto de la justicia apenas alcanza o supera el 1 % del presupuesto del Estado. Francia lo está consiguiendo ahora gracias a un esfuerzo progresivo realizado en los últimos años, lo que ha llevado a que la justicia disponga hoy en día de una dotación presupuestaria de diez mil millones de euros para 2024, es decir, un presupuesto de justicia que, según las previsiones y la Ley de orientación y programación 2023-2027 para el Ministerio de la Justicia, habrá aumentado un 60 % desde 2017[46]. El mayor reto, más allá de recuperar los

46 Véase la sección actualidad/espacio de prensa/presupuesto del sitio web del ministerio de Justicia: www.justice.gouv.fr

casi treinta años de abandono de la justicia, según las palabras del exministro de Justicia E. Dupond-Moretti, es restaurar el atractivo y el reconocimiento de las profesiones jurídicas. El prestigio de la función y el honor de la misión dependen de esto. El plan de contratación sin precedentes de magistrados (459 auditores prestaron juramento el 9 de febrero de 2024, 292 alumnos magistrados procedentes del concurso para estudiantes y 167 profesionales en reconversión, lo que es la promoción más importante de la Escuela Nacional de la Magistratura desde su creación en 1958) va de la mano de la revalorización de la carrera que constituye un corolario indispensable de la independencia estatutaria. El magistrado no puede ser un buen juez o fiscal si no se le proporcionan los medios necesarios para el confort de su cargo. La imparcialidad, objetiva y subjetiva, solo protege al magistrado y al justiciable si está respaldada por garantías financieras que garanticen una seguridad material indispensable. Así, los magistrados, cuyo régimen de indemnizaciones no ha aumentado de manera significativa desde 1996, se han beneficiado de una revalorización sin precedentes de 1000 euros brutos al mes en promedio, desde el 1 de octubre de 2023, lo que supone un gasto de 88.5 millones de euros en 2024[47].

---

47 *Ibidem*

La estabilidad económica, tanto del magistrado como de la jurisdicción, aunque es una garantía de la independencia judicial, rara vez se encuentra en las constituciones; con la excepción de la Constitución búlgara que establece que "Las autoridades judiciales disponen de un presupuesto independiente" (artículo 117, apartado 3), o de la Constitución togolesa que prevé, mediante una fórmula bastante audaz, que "Una ley orgánica determina el estatuto de los magistrados y su remuneración de conformidad con las exigencias de independencia y eficacia" (artículo 118). En realidad, en Francia, son los textos estatutarios de rango infraconstitucional los que formalizan de manera más sistemática las garantías financieras en beneficio de la independencia del magistrado. Así, el artículo 42 de la Ordenanza francesa del 22 de diciembre de 1958 sobre el Estatuto de los Magistrados establece que perciben una remuneración que incluye el sueldo, cuyo importe se fija por decreto emitido en Consejo de Ministros, y complementos salariales. En este sentido, si bien la idea de prestigio aún puede asociarse a la actividad profesional del magistrado, el deber de probidad e integridad, que remite a la exigencia más general de honestidad, es sin duda uno de sus parámetros. El Consejo Superior de la Magistratura recuerda que todo magistrado debe mostrar en su comportamiento el rigor moral necesario y dar prueba de probidad, sin lo cual no es conveniente ejercer las funciones jurisdiccionales. Es también desde la perspectiva de refuerzo de la ética profesional, y debido a que pueden atentar contra la independencia, que las situaciones de conflicto de intereses están ahora reguladas y que los magistrados deben velar por prevenirlas o ponerles fin de inmediato. La Ley orgánica del 8 de agosto de 2016 relativa a las garantías estatutarias, las obligaciones deontológicas y la contratación de los magistrados mencionada anteriormente modificó la Ordenanza estatutaria de 1958 al transponer a los magistrados judiciales, *mutatis mutandis*, las herramientas de prevención y resolución de conflictos de intereses que habían sido creadas para los funcionarios por la Ley orgánica del 11 de octubre de 2013 relativa a la transparencia de la vida pública. Se retomó la misma definición de conflicto de intereses. Su existencia representa una grave amenaza para la independencia del magistrado y, por lo tanto, para su autoridad y honor: "[constituye un conflicto de intereses] toda situación de interferencia entre un interés público e intereses públicos o privados que pueda influir en el ejercicio independiente, imparcial y objetivo de una función"[48]. Todo magistrado tiene ahora la obligación de presentar al presidente del tribunal, bajo el sello de la confidencialidad, una declaración de intereses exacta y sincera, en los dos meses posteriores a su toma de posesión del cargo, además de su entrevista deontológica en el seno de

[48] Artículo 7-1 de la Ordenanza del 22 de diciembre de 1958 por la que se aprueba la Ley Orgánica relativa al Estatuto de la Magistratura.

la jurisdicción. Para reforzar aún más las garantías de integridad en favor de la independencia estatutaria y la imparcialidad funcional del magistrado, el artículo 7-3 del Estatuto de la Magistratura, introducido por la antes citada Ley orgánica del 8 de agosto de 2016, preveía la obligación de declarar la situación patrimonial de los presidentes de los tribunales (desde los tribunales judiciales hasta el Tribunal de Casación), así como de los presidentes de las salas de este último. Sin embargo, el Consejo Constitucional censuró la disposición basándose en la diferencia de trato establecida por el legislador: la distinción entre los magistrados sujetos a esta obligación y los demás infringe el principio de igualdad cuando se refiere a magistrados cuya independencia está garantizada constitucionalmente y ejercen de forma independiente funciones jurisdiccionales[49]. En consecuencia, la Ley orgánica del 20 de noviembre de 2023 relativa a la apertura, la modernización y la responsabilidad del poder judicial derogó la previsión.

Sin duda más anecdótica, pero igualmente reveladora de una forma de reconquista del prestigio social perdido, es la cuestión de las condecoraciones. Se conoce la importancia del decoro y la ritualización judicial, pero ¿en qué medida los honores reconocidos a un magistrado contribuyen a ello

---

49 Consejo Constitucional, decisión n° 2016-732 DC, del 28 de julio de 2016, § 56-57, véase: www.conseil-constitutionnel.fr

sin menoscabar su independencia, su imparcialidad subjetiva y sin colocarlo en una situación de deuda, aunque sea muy implícita e informal? Sin llegar a reconocer que esta forma de "mundanidad" pueda tener consecuencias en la forma de juzgar y en las decisiones que se toman, lo que supondría presumir una falta de integridad y una sospecha permanente, la cuestión en cuanto a las condecoraciones de los magistrados durante su carrera merece ser planteada, ya que cuestiona tanto el honor —o los honores— como el reconocimiento. Una enmienda presentada el 7 de diciembre de 2011 por el diputado René Dosière (que retomaba el artículo único de la propuesta de Ley orgánica relativa a la prohibición de determinadas condecoraciones públicas para los magistrados que había presentado el 25 de mayo de 2007), y aprobada por unanimidad en la comisión de leyes, pero suprimida en primera lectura en la Asamblea Nacional, causó un fuerte revuelo al considerar que "Durante y respecto a sus funciones, los magistrados no pueden recibir ninguna condecoración pública en virtud del libro I del Código de la Legión de Honor, de la Medalla Militar y del Decreto 63-1196, del 3 de diciembre de 1963, por el que se crea una Orden Nacional del Mérito"[50]. Es mejor decir, ¡no más condecoraciones! El argumento es sencillo. Al considerar anormal el hecho de que algunos magistrados puedan ser condecorados en la Orden

50 Véase: http://ddata.over-blog.com

de la Legión de Honor o en la Orden Nacional del Mérito, o que sean ascendidos en ambas órdenes, prohibirles recibir estas condecoraciones durante su carrera reforzaría su independencia. Las condecoraciones ya no serían un signo de distinción por acciones extraordinarias, sino únicamente un signo de distinción social. Por eso, no obtener una recompensa se consideraría una garantía de "independencia, fuerza de carácter, autonomía real frente a los poderosos del momento, demostrando que la imparcialidad y la serenidad no se negocian"[51].

En términos generales, lo que subyace a esta enmienda es que los magistrados son sensibles a los honores, lo que les coloca en una forma de dependencia y puede llevar a los ciudadanos a preguntarse si existe una recompensa como posible retribución por un servicio; porque "la medalla es uno de los elementos de influencia de que dispone el poder sobre los magistrados"[52]. Pero, en realidad, ¿es la ejemplaridad tan inconciliable con los honores? ¿Es la función (de juzgar) tan incompatible con la condecoración? Ningún estudio permite documentar la idea de que los magistrados condecorados sean menos independientes que los demás. No obstante, de forma un tanto irónica, y teniendo en cuenta los retos que se plantean en el ámbito de la independencia, la imparcialidad y la confianza en la justicia,

---

51 *Ibidem*

52 D. Barella, "Les magistrats et les décorations", *Commentaires*, n° 2, 2005, p. 486.

en 2016 se creó la "Asociación de Magistrados Alérgicos a las Condecoraciones". Esta asociación considera que "Otorgar medallas por parte de los titulares del poder ejecutivo es incompatible con la independencia de los magistrados y el principio de separación de poderes"[53] y desea, por esta razón, que los magistrados ya no puedan recibir condecoraciones a título profesional. Por supuesto, el magistrado debe abstenerse de cualquier situación de dependencia virtual que resulte, en particular, de la aceptación de favores o regalos. Pero conceder una condecoración no es un favor. Es una recompensa relativa a una inversión profesional e incluso puede considerarse parte del juego institucional normal por el que la Nación reconoce los méritos. Sin embargo, con la condición evidente de que el poder ejecutivo no haga un uso indebido de ella con el fin de debilitar una independencia ya muy amenazada[54], y así exacerbar la vanidad de los posibles beneficiarios…

---

53 C. Fleuriot, "Ils militent pour que les magistrats ne puissent plus recevoir de décorations", *Dalloz actualités*, 16 de diciembre de 2016.

54 Mathieu Bonduelle, ex presidente del Sindicato de la Magistratura, señalaba que "algunos casos conocidos han planteado interrogantes. Como el del ex fiscal de Nanterre Philippe Courroye, inicialmente encargado de la investigación del caso Bettencourt; o el del antiguo presidente del Tribunal de Apelación de París Jean-Claude Magendie, miembro de la Alta Autoridad que supervisó las primarias de la derecha. Ambos fueron condecorados por Nicolas

EN LA ENCRUCIJADA DE TENTACIONES MEDIÁTICAS, CORPORATIVISTAS, SINDICALES...

La legitimidad del magistrado es compleja. Es global. No se fundamenta en el único parámetro de la votación, como ocurre con los dos poderes políticos, el ejecutivo y el legislativo. En cambio, se trata de un conjunto de variables que, articuladas entre sí, tienden a legitimarlo. De lo anterior se desprende que la legitimidad del magistrado es, ante todo, en el plano estatutario, una legitimidad por imparcialidad, como se ha demostrado; y, en el plano funcional, se trata más bien de una legitimidad procesal. Sin embargo, la legitimidad también está condicionada a una serie de factores contingentes que pueden alterar esta sutil alquimia, una "combinación de varios elementos derivados tanto de las normas sociales objetivas como de la percepción que tienen los ciudadanos de la intervención judicial"[55]. Los medios de comunicación, el cuerpo de la magistratura y los sindicatos participan de esta contingencia, sometiendo al magistrado a una triple tentación —mediática, corporativista y sindical—, una vez que se admite que la posición de tercero imparcial conduce teóricamente a distanciarse de

---

Sarkozy", Sud-Ouest, 30 de diciembre 2016, "Et si on ne décorait plus les magistrats ?", véase: www.sudouest.fr

55 Ph. Delarbre, "La légitimité du juge", *N.P.J.*, n° 343, junio de 1997, p. 8.

cualquier forma de convicción o compromiso. Así, el *Recueil des obligations déontologiques des magistrats* recuerda que "como guardianes de la libertad individual, [los magistrados] aplican las reglas del derecho [...], sin ceder al temor de desagradar ni al deseo de complacer a los medios de comunicación, a la opinión pública o a cualquier otra organización"[56].

La tentación mediática del magistrado es el resultado de dos dinámicas. La primera, vertical, se atribuye al auge de los medios de comunicación como "cuarto poder", según la expresión consagrada, o incluso como tercer poder influyente si se tiene en cuenta que la justicia sigue definiéndose por su condición de simple autoridad en Francia. La segunda, más horizontal, se deriva de un desplazamiento de los espacios de regulación, tan pronto como las regulaciones políticas (en el sentido griego de *polis*) son deficientes: así la justicia sale de los tribunales para "deslocalizarse" a los medios de comunicación. Hoy en día, parece que se ha dado el paso de la etapa de la mediatización de la justicia, que es ineludible en una democracia en nombre de una forma de publicidad y transparencia de los debates, a la justicia mediática, una auténtica neurosis de la democracia de opinión (los canales con un flujo de información continuo, a través de su recurrente convocatoria de "expertos" judiciales,

---

[56] Consejo Superior de la Magistratura, *op. cit.*, capítulo 1 "La independencia", punto 4.

quienes en ocasiones son incluso exmagistrados, por supuesto, no son ajenos a ello). Esta democracia de opinión pone sistemáticamente en tela de juicio a tres actores: la justicia, los medios de comunicación y la opinión pública. En su búsqueda de legitimidad, el magistrado tiende a acercarse a la opinión pública con el fin de obtener su apoyo; como también puede intentar mantenerse lo más alejado posible de ella a pesar del atractivo que puede suponer la fuerza de las emociones.

Cuando la sensibilidad colectiva hace que la opinión sea fácilmente impresionable, incluso influenciable, la justicia debe protegerse de cualquier emotividad invocando el escudo de la imparcialidad. Pero esta emotividad va de la mano de un sistema mediático cada vez más escenificado, cuyas luces pueden atraer a magistrados sensibles a la vanidad, aun efímera, del estrellato mediático. Algunos se exponen particularmente, mientras que otros están particularmente expuestos. Y la diferencia no es pequeña en el terreno de la imparcialidad. Esta exposición mediática de la justicia deriva, por supuesto, de manera bastante lógica de ciertas funciones jurisdiccionales, más expuestas a ser centros de atención que otras. Así, los miembros de la fiscalía están naturalmente en contacto con los medios de comunicación, especialmente a través de ruedas de prensa; al igual que los jueces de instrucción, que están en el centro de los asuntos penales, o los presidentes de los tribunales, que son los rostros encarnados de la justicia. Todos se convierten en personajes públicos. Esta exposición mediática también se debe al hecho de que cada vez más magistrados rompen su anonimato en busca de fama, escribiendo artículos de opinión en la prensa, respondiendo a los periodistas o participando en debates en programas de radio y televisión. Porque para convertirse en estrella, ¡hay que estar solo![57] Ante las cámaras, los gestos y las posturas del magistrado son signos de esto[58]. La relación que mantiene la profesión de magistrado con la prensa y la publicación de los casos a su cargo forma parte ahora de la actividad profesional[59] en una democracia moderna que hace suya la confusión de géneros y la ambigüedad de roles. El periodista se convierte en fiscal; el cronista mediático se convierte en cronista judicial, denunciando, según el caso, la laxitud o los excesos de firmeza de la justicia, la justicia de dos velocidades, las inconsistencias en la cuantía de las penas y la arbitrariedad del juez... Entonces, el círculo vicioso de la demagogia de opinión se cierra sobre el magistrado que la ha alimentado. Su legitimidad se desvanece detrás de su popularidad o impopularidad. En consecuencia, se plantea la cuestión de cómo resistir a los "cantos

---

57 H. Haenel, M.-A. Frison Roche, *Le juge et le politique*, PUF, 1998, p. 149.

58 D. Salas, "Justice et médiés, duo ou duel ?", *Pouvoirs*, n° 178, 2021, p. 93.

59 E. Pollet, Ph. Milburn, "Les juges de l'application des peines sur la scène médiatique : entre ombre et lumière", *Les Cahiers de la justice*, n° 1, 2023, p. 164.

de sirena" de la opinión mediática. ¿Sigue siendo la ética de imparcialidad del magistrado un dique lo suficientemente resistente para no ceder ante la avalancha mediática?

Pero si se produce una exposición mediática es también porque, en primer lugar, la justicia penal mantiene una relación privilegiada y ambigua con los medios de comunicación. Los asuntos penales, más que otros, sitúan a sus protagonistas en primer plano. Los "casos famosos", ya sean sensibles, penales, financieros, económicos o políticos, que ubican a la figura del magistrado en el centro de la escena mediática han sido numerosos: el juicio por el asesinato del prefecto Érignac, los casos de empleos ficticios de la ciudad de París, el juicio AZF, el juicio de los atentados terroristas, el caso Grégory, la condena de Guy Georges, el caso de las cuentas de campaña de Nicolas Sarkozy, los juicios Balkany, el caso Bettencourt, etc. Y, por supuesto, el famoso caso de Outreau, cuya repercusión sigue intacta cada vez que vuelve a la arena mediática[60]... Todos estos casos se caracterizan por los excesos y el entusiasmo de los medios de comunicación relacionados con una búsqueda de audiencia, cuestionamientos sobre el funcionamiento de la justicia para criticar las decisiones y denunciar los errores, lo que a veces conduce a verdaderos "fiascos judiciales", así como

---

60 S. Cantero, *L'affaire d'Outreau une terreur judiciaire. Témoignage du dernier avocat général du dossier*, éd. Dialogues, coll. "Mercuriales", 2023.

también a hiperencarnaciones de dichos casos por parte de magistrados cuyos nombres se vuelven tan famosos como las instrucciones que llevan a cabo o como los casos que juzgan. Dictar sentencias para que sean un ejemplo en casos pasionales que han conmovido a la opinión pública es siempre una tentación, porque el tribunal mediático actúa como una caja de resonancia en contra de los principios procesales más esenciales, entre los cuales destacan la presunción de inocencia, la independencia y la imparcialidad[61]. La presión mediática ejercida sobre las decisiones de los magistrados existe, ya sea que la elijan o la sufran, porque no están aislados de la sociedad. Sin embargo, "[les] corresponde mantener siempre una cierta distancia, ya que la prensa no puede sustituir al[los] juez[jueces] ni dictarles su comportamiento"[62]. Renunciar en este terreno sería olvidar el modo de funcionamiento de la expresión mediática, último avatar de la opinión pública, aunque difícilmente compatible con el de la justicia. Esta última privilegia los argumentos, su contradicción, el debate y no se conforma con simplificaciones ni simplismos. Sin embargo, la opinión es más monista en su existencia, reivindicando la mayoría de las veces el consenso espontáneo, incluso evidente, y da así la apariencia de simplicidad detrás de la ambigüedad democrática. La media-

---

61 *Ibidem*

62 R. van Ruymbeke, "La liberté du juge", *Les Cahiers de la justice*, n° 1, 2022, p. 103

tización de la justicia y la fama pasajera que puede proporcionar participan en esta amplificación. De ahí la desconfianza necesaria hacia una democracia en la que el derecho se somete a los caprichos de la opinión y la justicia a las seducciones de los medios de comunicación. Por eso, los magistrados deben guardarse de la ilusión del escenario mediático que consistiría en observar en la opinión pública y mediática al mejor de los jueces. En todo momento, la "invisibilización" en nombre de la serenidad y la independencia[63] debería preferirse a una mediatización impulsada por la pasión y el reconocimiento.

No obstante, la independencia del magistrado, tantas veces presentada como dependiente de presiones externas, en particular del poder político, también puede verse cuestionada por influencias más "internas" que no conviene descuidar. La independencia de un magistrado se determina también considerando su relación con otros magistrados. Esta independencia interna, tan fundamental y sin embargo tan frecuentemente olvidada, lleva al magistrado a protegerse de las influencias de sus otros colegas, de su posición jerárquica, su compromiso sindical o de su carisma personal. El riesgo ya no es externo y no proviene de los poderes públicos, sino del interior del cuerpo. Como en toda profesión reclutada sobre la base de un concurso común de alto nivel y organizada en forma de jerarquía, el

63 E. Pollet, Ph. Milburn, *op. cit.*, p. 170.

sentimiento de pertenencia a una comunidad es fundamental para la identificación y la defensa de intereses. El espíritu de cuerpo resultante, que no es corporativismo, es esencial para dar sentido a la misión jurisdiccional, en la medida en que permite hacer valer ciertas preocupaciones, así como defender ciertas reivindicaciones, legitimando así su acción. Por el contrario, cuando se trata de traducir una preocupación recurrente por el enfrentamiento con la política (incluso de construir un verdadero frente contra la clase política, como en el modelo corporativista italiano), o de impulsar la preeminencia de la autoridad judicial sobre los otros dos poderes, el espíritu de cuerpo se convierte en espíritu de casta y se desliza hacia un corporativismo que lleva a un repliegue y a una forma de "resistencialismo" ante cualquier cambio en la institución judicial.

Precisamente, a menudo, en nombre de la independencia. Ahora bien, es cierto que la independencia estructural de la profesión puede protegerse con el escudo del corporativismo contra cualquier reforma que la debilite, pero hay que tener cuidado, por el contrario, de que esta independencia no sea un pretexto para reivindicaciones más sectoriales. Más allá aún, Alain Minc señalaba que "la corporación parecía haber encontrado en la independencia el mito que la trasciende [...]. [Pero] la independencia sin legitimidad, ¿no corre el riesgo de generar un delirio corporativista? La independencia sin responsabilidad individual, ¿encuentra otras raíces que no sean el egocentrismo de la corporación?"[64]. La crítica es dura y denota una verdadera desconfianza hacia el cuerpo, reducido a la búsqueda de su "autonomía corporativa"[65]. Así pues, se entiende la dificultad que tiene el magistrado de protegerse del peso del corporativismo, ya que el auge del sentimiento corporativista traduce, a nivel colectivo, un reflejo de protección y, a nivel institucional, la emancipación de la justicia en el juego de los poderes.

Correlativamente, a partir de los años 1950, la visibilización y la representación del cuerpo se estructuraron con la irrupción del sindicalismo judicial en la escena política, ligada a una toma de conciencia colectiva sobre la situación de la magistratura. Este paso de los magistrados de la sombra de los tribunales a la luz del espacio público ha permitido "construir posiciones colectivas"[66] que alimentaron el trabajo político y apoyaron el proceso de legitimación de la justicia gracias a la apertura institucional a la que contribuyeron los sindicatos, cada uno con su base ideológica propia. De ahí a hablar de contrapoder sindical, solo hay un paso, puesto que la legitimidad social de los sindicatos se ha construido mediante la confrontación con la legitimidad política del poder. Criticado regu-

---

64 A. Minc, *Au nom de la loi, Gallimard*, 1998, pp. 117-118.

65 Para retomar la expresión de R. Wasserman, 1973.

66 Véase el dossier especial de los *Cahiers de la justice*, "Faut-il craindre le syndicalisme judiciaire ?", n° 3, 2016, pp. 389-390 et pp. 395-545.

larmente por su politización, el sindicalismo en la magistratura plantea claramente, al menos en apariencia, la cuestión de su compatibilidad con la exigencia de imparcialidad[67]. En una democracia que "está enferma de su justicia", los ciudadanos pueden preguntarse legítimamente en qué medida el compromiso político público de un magistrado es compatible con la neutralidad que debe mostrar. Lo que está en juego es tanto el reconocimiento del derecho sindical en beneficio del magistrado, como el alcance de la libertad de expresión del magistrado sindicalizado. La sala plena del Consejo Superior de la Magistratura recordó a este respecto, en 2023, que el reconocimiento del derecho sindical desvincula en parte la libertad de expresión del deber de reserva, ya que el derecho sindical tiene "como consecuencia inevitable conferir a las organizaciones sindicales y a sus representantes un derecho de expresión aún más amplio que el que se deriva del derecho común. En particular, la posibilidad de adoptar un tono polémico, que puede comportar cierta vehemencia, constituye un corolario indispensable para el pleno ejercicio de la libertad sindical"[68].

En el fondo, son las injerencias políticas de los sindicatos de magistrados las que suscitan las críticas

---

67 La cuestión es ampliamente tratada por B. Mathieu y nos remitiremos

a los desarrollos del autor: B. Mathieu, *op. cit.*, pp. 28-42.

68 Dictamen de la formación plenaria del Consejo Superior de la Magistratura del 13 de diciembre de 2023.

más fuertes, como lo demuestra el famoso episodio de 2013 del "Muro de los Idiotas", un cartel instalado en las oficinas del Sindicato de la Magistratura (de izquierda) en el que se colocaban fotos de diferentes personalidades políticas, intelectuales y periodistas, clasificados como de derecha. La imparcialidad no puede sino verse afectada; la sospecha se vuelve legítima. En realidad, el verdadero reto es el de regular el conflicto con el principio de imparcialidad, siempre y cuando no existan "barreras infranqueables entre la actividad sindical y el posicionamiento político"[69] claramente establecidas. La clave reside, sin duda, en la necesidad ética de separar debidamente la opinión y la función. No se puede impedir que un magistrado tenga un compromiso político, se afilie a un sindicato, si la ley se lo permite, o que exponga sus convicciones, siempre y cuando el tribunal no sea el escenario privilegiado para expresarlas. De hecho, es el sentido de la solemnidad judicial, del decoro y de la vestimenta; permitir esa distancia simbólica. Es cierto que admitir sus múltiples afiliaciones y las tentaciones que estas generan es menos radical que proponer un marco legal. Pero tal vez sea también apostar por una ética de la responsabilidad. Porque ser lúcido sobre sus propias dependencias es también una forma de reforzar su independencia[70].

---

69 J. de Maillard, "Syndicalisme et justice : vieille lune ou idée neuve", *Les Cahiers de la justice*, n° 3, 2016, p. 443.

70 Editorial Les Cahiers de la justice, *op. cit.*, p. 390.

Para [no] concluir

Montesquieu escribió en *De l'Esprit des lois* [*El espíritu de las leyes*]: "No se tiene continuamente a un juez ante los ojos; y se teme a la magistratura, no a los magistrados"[71]. Hoy, la propuesta es inversa. Los magistrados encarnan a diario un nuevo escenario democrático que ha surgido como resultado del debilitamiento del Estado administrativo y en contraposición a la política; y obtienen de su independencia la legitimidad social que fundamenta esta autoridad, a veces tan temida y a menudo firmemente combatida. El temor al poder que el principio de independencia confiere a los magistrados se incrementa en la medida en que su oficio en la sociedad liberal es más ambicioso; teniendo el triple rostro del "juez pacificador", del "juez árbitro" y del "juez entrenador"[72].

Finalmente, ¿era acertado el título de esta obra? ¿No habría sido mejor titularla "Las independencias del magistrado" en lugar de "La independencia de los magistrados"?

---

71 Montesquieu, *op. cit.*, Livre XI, chapitre VI, « De la constitution d'Angleterre ».

72 Ph. Gérard, F. Ost, M. van de Kerchove (dir.), *Fonction de juger et pouvoir judiciaire. Transformations et déplacements*, Publications des facultés universitaires de Saint-Louis, Bruxelles, 1983, p. 44.

Pues, hoy más que nunca, los magistrados se encuentran en la encrucijada de legitimidades e identidades. Es esta pesada carga la que debe llevar el principio de independencia. Por eso, parece haber llegado el momento de reevaluar el principio a favor de un cambio de enfoque, que llevaría a pasar de una independencia de superposición —la independencia de la autoridad judicial fundamenta, en primer lugar, la concesión de garantías estatutarias constitucionales y orgánicas que guían luego al magistrado en la búsqueda de un comportamiento imparcial— a una independencia de concentricidad —la "independencia cultural"[73] que fundamenta el comportamiento del juez basándose en la identidad del cuerpo, en los valores que representa y en los conocimientos que promueve, es fundamental y repercute positivamente al reforzar las garantías estatutarias y al respaldar la independencia de la autoridad judicial como institución—.

Quizás sea esta la condición para que los espectros (desde el gobierno de los jueces hasta el golpe de Estado judicial) sean rechazados, y que los mitos (desde el juez como portavoz de la ley hasta una magistratura enemiga de la política) caigan. ¿Quién sabe?...

---

73 Para retomar la expresión de D. Salas, "Les trois indépendances", *Les Cahiers de la justice*, n° 4, 2023, p. 650.

Biografía

Fabrice HOURQUEBIE es Doctor en Derecho (defendió una tesis en Derecho Constitucional titulada *Sur l'émergence du Contre-pouvoir Juridictionnel sous la Ve République* [Sobre el surgimiento del contrapoder jurisdiccional en la V República] (ed. Bruylant), y profesor titular de Derecho Público (constitucionalista) en la Universidad de Burdeos donde actualmente es director del Centro de Estudios e Investigaciones Comparativas sobre las Constituciones, las Libertades y el Estado (CERCCLE), tras haber dirigido durante once años el máster Derecho y Práctica del Contencioso Público. Fue director de la Escuela Doctoral de Derecho de la Universidad de Burdeos durante cinco años, responsable de las relaciones internacionales de la Facultad de Derecho durante cuatro años, así como Secretario general de la Asociación Francesa de Derecho Constitucional (AFDC) hasta 2023. Propuesto para su nombramiento en el Consejo Superior de la Magistratura (CSM) en 2015, se desempeñó como experto de la Comisión de Libertades y Derechos Humanos del Consejo Nacional de Colegios de Abogados (CNB) hasta 2023. Es experto constitucional y justicia desde hace quince años en la Organización Internacional de la Francofonía (OIF), así también de sus redes institucionales jurídicas y judiciales, y colabora regularmente con el Instituto Francófono Justicia y Democracia–Louis

Joinet (IFJD) en el ámbito de la justicia transicional. Es profesor invitado en numerosas universidades extranjeras (especialmente en África y América Latina), como también se destaca su participación en un gran número de misiones científicas y de peritaje en sus campos de investigación. Estos últimos se centran en la justicia en el Estado y se dedican al estudio de los litigios constitucionales, el derecho constitucional procesal, el poder jurisdiccional y la separación de poderes, así como la justicia transicional y los procesos posconflicto.